ET DES FAUXBOURGS

DE BERLIN.

DES PRINCIPAUX	ÉDIFICES DE	BERLIN.
8. *Hôpital François.*	15. *Vavre.*	22. *Église Française.*
9. *Chancelier.*	16. *Magasin à poudre.*	23. *Berlin.*
10. *Maison des Juifs.*	17. *Hôtel de Ville Française.*	24. *Cologne.*
11. *Magazin Royal.*	18. *Les Pompes.*	25. *Ville de Friederic.*
12. *Monnaie.*	19. *Manufacture de glaces.*	26. *Fauxbourg de Cologne.*
13. *Ancienne Pouanne.*	20. *Orphelins François.*	27. *Fauxb. de Berlin.*
14. *Nouvelle Pouanne.*	21. *Trinité.*	28. *Fauxb. de Spandau.*

Horsta Krum · Preußens Adoptivkinder

MÉMOIRES

POUR SERVIR

À L'HISTOIRE

DES RÉFUGIÉS FRANCOIS

DANS

LES ÉTATS DU ROI.

PAR

MESSIEURS ERMAN ET RECLAM.

TOME I.

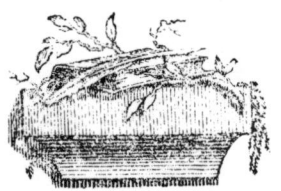

A BERLIN,
chez JEAN JASPERD, MDCCLXXXII.
Imprimé chez G. F. STARCKE.

Preußens Adoptivkinder

Die Hugenotten
300 Jahre Edikt von Potsdam

Unter Verwendung von »Mémoires pour servir à l'histoire des réfugiés françois dans les états du roi« von J. P. Erman und F. Reclam 1782–1799

dargestellt von

Horsta Krum

arani

CIP-Kurztitelaufnahme der Deutschen Bibliothek
Krum, Horsta:
Preußens Adoptivkinder: d. Hugenotten – 300 Jahre
Edikt von Potsdam / Horsta Krum
Berlin: arani, 1985
ISBN 3-7605-8583-3

Redaktion: Katharina Janike
Schutzumschlag- und Einbandgestaltung: Rudolf Flämig
Typographie und Layout: Kurt Thöricht
Abbildungen auf dem Schutzumschlag: Vorderseite: »Empfang der französischen Flüchtlinge durch den Großen Kurfürsten im Potsdamer Stadt-
schloß 1685.« Holzstich des 19. Jahrhunderts nach einem Gemälde von
E. A. Fischer-Cörlin. Koloriert 1985 von Lilli Hoeffke. Bildarchiv Preußischer Kulturbesitz, Berlin
Rückseite: Ausschnitt aus dem Stich von Daniel Chodowiecki »Friedrich III. erlaubt den Waldensern, in ihre Heimat zurückzukehren.« Archiv
für Kunst und Geschichte, Berlin

© 1985 by arani-Verlag GmbH, Berlin
Printed in Germany
Satz Trump-Mediäval (Linotron 202):
IBV Satz- und Datentechnik GmbH, Berlin
Druck: Druckhaus Langenscheidt, Berlin
Lithographie des Schutzumschlags: Brandt & Vejmelka, Berlin
Lithographie der Illustrationen: JUP Industrie- und Presseklischee, Berlin
Auflage: 5   4   3   2   1
Jahr: 1989 88 87 86 85

»Seinem Vetter Carl Reclam zum Andenken an ›die alten du Bois‹, Berlin
im April 1865, von E. du Bois-Reymond.«
Das Werk von Erman-Reclam erhielt unter den Nachkommen der Réfugiés
die Zeit der Einwanderung lebendig.
Emil du Bois-Reymond (1818–1896) war ein berühmter Physiologe (Unter-
suchungen über tierische Elektrizität u. a.), Mitglied der Berliner Akademie der Wissenschaften, seit 1867 ihr ständiger Sekretär.
Sein Vetter Carl Reclam (1821–?) war Mediziner und Nachkomme des einen Verfassers der Einwanderungsgeschichte

Inhalt

Geleitwort

Einem Menschen kann kaum Schlimmeres in seinem Leben zustoßen, als wenn er sein Gedächtnis verliert. Er verliert damit die Orientierung; er kann seinen Weg nicht mehr finden; er verliert sich selbst.

In einem tiefen Sinn gilt das auch von der Kirche. Sie lebt ja vom Gedenken an die großen Taten Gottes im Alten und Neuen Bund. »Er hat ein Gedächtnis gestiftet seiner Wunder, der gnädige und barmherzige Herr« (Psalm 111, Vers 4) – »Vergiß nicht, was er dir Gutes getan hat« (Psalm 103, Vers 2). Und mit dem Abendmahl hat Christus die Weisung an seine Jünger, an das Volk Gottes, verbunden: »Solches tut zu meinem Gedächtnis« (Lukas 22, Vers 19). Verliert die Kirche dieses ihr Gedächtnis, so verliert sie sich selbst. Denn wie könnte sie aus sich selbst leben und wirken?

Die Geschichte der Kirche, ihr Weg durch die Zeiten, ihre Widerfahrnisse und Erfahrungen können allerdings nicht in gleicher Weise verbindlich sein. Sie sind Entfaltung und Niederschlag der Verkündigung der großen Taten Gottes. Aber auch daran muß sich die Kirche um ihrer selbst willen erinnern und erinnern lassen. Auch das dient ihr zur Orientierung und zur Klärung.

So haben Jubiläen in der Kirche eine große Bedeutung. Sie frischen nicht nur das Erinnerungsvermögen auf, sie werfen auch Licht auf das Heute und Morgen der Kirche.

»Preußens Adoptivkinder«, die Hugenotten, waren Vertriebene um des Glaubens willen. Mit dem Widerruf des Ediktes von Nantes blieb ihnen nur die Wahl, auch ihrerseits die evangelischen

Glaubensüberzeugungen zu widerrufen oder aber zu widerstehen und zu leiden. Es ist ein bitteres und doch leuchtendes Kapitel der Kirchengeschichte, das sich hier auftut.

Das Edikt von Potsdam aber bot den Hugenotten einen freien Schutzraum, nicht etwa bloß ein befristetes Asyl, sondern neue Entfaltungs- und Lebensmöglichkeiten. Die Geschichte Berlin-Brandenburgs, gerade auch die der evangelischen Kirche, ist seitdem tiefgreifend durch das Erbe der Hugenotten mitgeprägt worden.

Dieses Buch stützt sich im wesentlichen auf das neunbändige Werk der seinerzeitigen Prediger an der Französischen Kirche zu Berlin Jean-Pierre Erman und Pierre Chrétien Frédéric Reclam. Sie schöpfen – ein Jahrhundert nach dem Edikt von Potsdam – aus einem reichen Reservoir an Erinnerungen. Ihr Werk kann natürlich seinen geistes- und theologiegeschichtlichen Ort – es ist die hohe Zeit der Aufklärung – nicht verleugnen. Die Verfasserin – Horsta Krum ist Pfarrerin der Französisch-reformierten Gemeinde in West-Berlin und derzeit auch Moderatorin der reformierten Gemeinden in unserer Stadt – hat die Auszüge jeweils mit kommentierenden Erläuterungen versehen, die dem heutigen Verstehen dienlich sind.

So will dieses Werk zur Anschauung und zu lebendiger Erinnerung verhelfen.

Berlin (West), Ostern 1985

Dr. Martin Kruse
Bischof
der Evangelischen Kirche
in Berlin-Brandenburg, Berlin (West)

Vorwort

Dieses Buch ist eine auszugsweise Übersetzung und Bearbeitung des neunbändigen Werkes »*MÉMOIRES POUR SERVIR À L'HISTOIRE DES RÉFUGIÉS FRANÇOIS DANS LES ÉTATS DU ROI*«, schildert also die Einwanderung französischer Protestanten in Brandenburg-Preußen.

Die Verfasser, Jean-Pierre Erman und Pierre Chrétien Frédéric Reclam, waren Prediger der Französischen Kirche zu Berlin. Der erste Band erschien 1782, der neunte 1799. Reclam starb 1789, so daß die Bände VI bis IX nur noch unter dem Namen Erman erschienen. Zu dieser Zeit legte man in den Kolonien – so nannte man die Ansiedlungen der Franzosen – Wert auf ein gepflegtes Französisch; es wurde nicht nur französisch geschrieben, sondern auch französisch gepredigt und gesprochen. Im Laufe des 19. Jahrhunderts änderte sich dies. Man ging allmählich zur deutschen Sprache über. Allerdings klagen Erman und Reclam, daß es auch schon in früherer Zeit solche Tendenzen gab (Kapitel 10).

Das Werk von Erman und Reclam ist ein sehr interessantes Spiegelbild der zweiten Hälfte des 18. Jahrhunderts; es atmet den Geist der Aufklärung; es will eine Verbindung von »Vernunft und Evangelium« und versucht nachzuweisen, daß Lehre und Praxis der katholischen Kirche im 17. Jahrhundert beidem widersprechen (Kapitel 10, die Hebammen u. a.); Begriffe wie Toleranz, Intoleranz, Aberglaube, aufgeklärt usw. tauchen nicht nur einmal auf. Erman und Reclam werfen Intoleranz nicht nur den Franzosen vor, die mit dem Edikt von Nantes nicht mehr meinten leben

11

zu können, sondern auch manchen Leuten in Brandenburg-Preußen – Einheimischen und Réfugiés –, die mit den neuen Nachbarn ihre Schwierigkeiten hatten. »Man war noch nicht aufgeklärt genug, um tolerant zu sein«, heißt es in Kapitel 17 (Wie aufgeklärt und tolerant sind wir heute eigentlich?).

Die Verfasser hatten bereits einen zeitlichen Abstand von den Jahren, die sie schwerpunktmäßig beschreiben. Andererseits war dieser nicht so groß, daß nicht vieles noch gegenwärtig war: Erman und Reclam haben alte Menschen befragt, sind dazu in den verschiedenen französischen Kolonien umhergefahren, sie haben Dokumente studiert und Bücher gelesen. Viele, viele Einzelheiten, ihre Beurteilung der Ereignisse und Personen, ihre Begeisterung und auch ihre Klagen – alles dies macht ihr Werk farbig und auch noch für uns heute interessant. Dabei erzählten sie oft weitschweifig (Wiederholungen, Unübersichtlichkeiten...), so daß eine durchgängige Übersetzung aller Bände nicht sinnvoll erscheint, wohl aber eine auszugsweise Wiedergabe, mit der mich das Consistorium der Französischen Kirche zu Berlin-West beauftragt hat. Ich habe mich bemüht, den Stil von Erman und Reclam, wenn auch nicht nachzuahmen, so doch wenigstens durchschimmern zu lassen. So wurden einige französische Ausdrücke beibehalten, ebenso Monsieur (M.), Madame und Mademoiselle bei der Nennung von Personen als Ausdruck des Respekts, dazu auch einige schmückende Attribute, bei deren Verwendung wir uns heute mehr zurückhalten.

Es geht aber nicht nur um Stilfragen. Erman und Reclam geben wieder, wie die Nachkommen der Réfugiés über ihre eigene Vergangenheit, über Preußen, über gekrönte Häupter denken. Es ist verständlich, daß gerade diese Bevölkerungsgruppe dem Hause Hohenzollern besonders dankbar ist, denn wie sie ist wohl noch keine fremde Minderheit mit Privilegien ausgestattet worden.

An erster Stelle – nicht nur zeitlich! – steht Kurfürst Friedrich Wilhelm, der Unterzeichner des Potsdamer Ediktes; er gab sich *als persönlicher Beschützer der Réfugiés zu erkennen, betonte immer wieder die Gemeinsamkeit des reformierten Bekenntnisses und wußte viel von französischer Kultur und Zivilisation. Das Attribut »groß« für den Kurfürsten wird im Originalwerk häufig gebraucht; ich habe es beibehalten, um das besondere Verhältnis, das die Réfugiés zum Kurfürsten hatten, auch auf diese Weise deutlich werden zu lassen.*

Der Sohn Friedrich Wilhelms, Kurfürst Friedrich III., ab 1701 König Friedrich I., führte im ganzen das Werk seines Vaters fort – jedenfalls im Hinblick auf die Réfugiés. Er handelte also, wie der Stich Chodowieckis »Sterbend legt der Große Kurfürst seinem Sohn die Réfugiés ans Herz« es darstellt – und wird mit entsprechenden Dankesbezeigungen von seiten der Réfugiés bedacht. Sein Sohn, König Friedrich Wilhelm, ist weniger beliebt. Man spürt vorsichtige Kritik (Kapitel 10).

Als Friedrich II. den Thron bestieg, hat es wohl ein Aufatmen in den französischen Kolonien gegeben; denn nun waren französische Sitten, die französische Sprache und damit auch Franzosen und Réfugiés wieder bei Hofe willkommen. Später, als Friedrich II. Mühe hatte, seine Kriege zu finanzieren, haben auch die Réfugiés unter den drastischen Maßnahmen des Königs gelitten. Aber sie berichten darüber nicht im Ton der Klage – Kritik wird nicht geübt!

Allerdings wurde manchmal doch Kritik geübt; wir wissen es von Daniel Chodowiecki, Mitglied des Consistoire von Berlin. Manche seiner Kupferstiche und Zeichnungen schildern das Elend im Lande: wie Frauen und Kinder leiden, wie Männer zum Militär gepreßt werden. Daher wundert es nicht, daß der König Chodowiecki nicht schätzte: Er habe so wenig Französisches an sich! Chodowieckis Kritik wurde – wie gesagt – im großen und ganzen in der Kolonie nicht geteilt. Allerdings hat man dort den Beinamen »der Große« diesem König nicht so bereitwillig gegeben wie seinem Urgroßvater, dem Großen Kurfürsten.

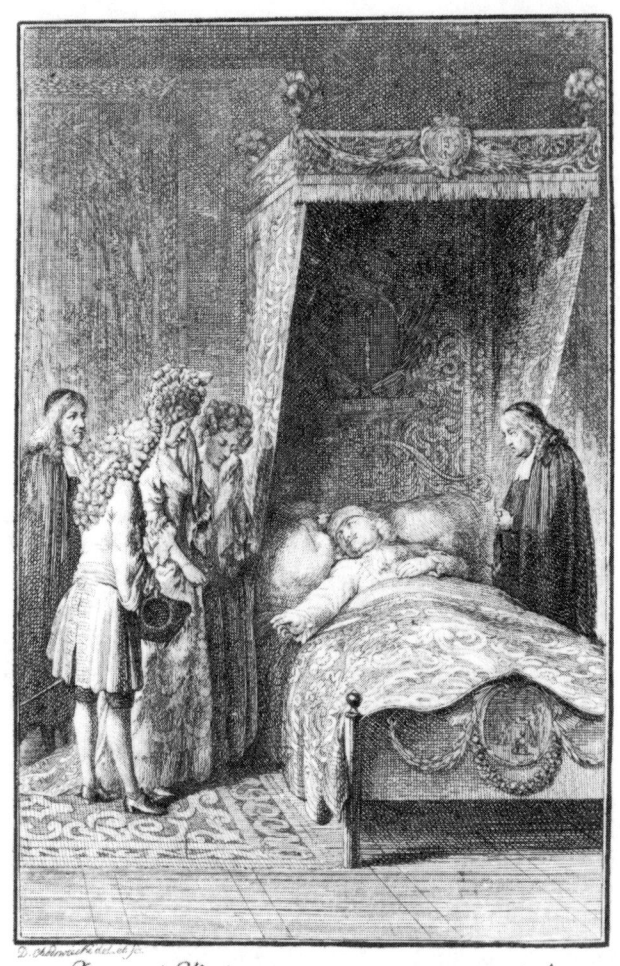

D. Chodowiecki del. et sc.

Le grand Électeur mourant recommande les Réfugiés à son fils.

Der Titel des Originalwerkes ist eigentlich nicht zu übersetzen. Ich habe mich für den Titel »Preußens Adoptivkinder« entschieden, weil diese Formulierung von Erman und Reclam selbst stammt (Kapitel 17) und sie mir passend für das ganze Werk scheint. Mir ist bewußt, daß man zur Einwanderungszeit noch nicht von »Preußen« sprechen kann, sondern daß sich dieser Begriff erst durch Friedrich II. wirklich festigte; da aber Erman und Reclam in Preußen, nicht mehr in Brandenburg-Preußen, lebten und da sich Preußen gegen Ende des 17. Jahrhunderts auch mit Hilfe der Réfugiés vorbereitete, meine ich, diesen Titel rechtfertigen zu können. Der Text ist, wie gesagt, eine Zusammenfassung der Bücher von Erman und Reclam, der Begriff »heute« bedeutet also die Zeit von 1782–1799.

Jeder Band des Originalwerkes enthält die Wiedergabe eines Kupferstiches von Chodowiecki; der Künstler hat sie für diese Buchausgabe angefertigt. Alle neun Stiche sind in das vorliegende Buch aufgenommen worden, dazu einige andere Bilder, auch Fotos, die, so meinten wir, die Geschichte der »Adoptivkinder Preußens« anschaulicher machen.

Die komplizierte, manchmal unübersichtliche Gliederung der neun Bände ist in dieses Buch nicht übernommen worden, sondern ich habe, nach inhaltlichen Gesichtspunkten, neu geordnet und entsprechende Kapitelüberschriften gefunden. Jedem Kapitel geht eine kurze eigene Einleitung voran.

Beim Zustandekommen dieses Buches habe ich viel Unterstützung erfahren; danken möchte ich besonders Eckart Birnstiel aus Berlin-West und dem Ehepaar Welge vom Französischen Dom, Berlin (DDR).

Berlin (West), im Sommer 1985

◄ »Sterbend legt der Große Kurfürst seinem Sohn die Réfugiés ans Herz.«
Stich von Chodowiecki

15

FREDRIC·RECLAM

16

Jean Pierre Erman. Nach C. F. J. H. Schumanns Porträt von 1804

◄ Pierre Chrétien Frédéric Reclam. Stich von Chodowiecki

Daniel Chodowiecki

18

1.
Kurfürst Friedrich Wilhelm und seine Territorien nach dem Dreißigjährigen Krieg

Dreißig Jahre lang (1618 bis 1648) tobte der Krieg im Herzen Europas. Die Territorien von Brandenburg-Preußen und seine Menschen haben in diesem Krieg besonders schwer gelitten. Erman/Reclam geben keine umfassende Darstellung von den Folgen dieses Krieges, sondern schildern einige anschauliche Einzelheiten, wobei sie sich teilweise auf zeitgenössische Quellen oder später entstandene Berichte stützen.

Vom Dreißigjährigen Krieg und seinen Folgen handelt nicht nur dieses Kapitel. Erman/Reclam kommen immer wieder darauf zurück, manchmal ausführlich, manchmal nur mit einem Halbsatz. Ich bin ihnen gelegentlich darin gefolgt, beispielsweise in den Kapiteln, die die Ansiedlung der Réfugiés behandeln.

Während und nach der Zeit des Dreißigjährigen Krieges konnte sich wohl niemand vorstellen, daß die kurfürstlich-brandenburgischen Territorien den Namen Friedrich Wilhelms einmal berühmt machen würden. Zunächst lebte Friedrich Wilhelm am Hofe von Oranien, der ganz und gar französisch ausgerichtet war, knüpfte enge Verbindungen zu Männern wie Bouillon, Turenne, zu den Großen des französischen Adels; sie erlernten hier die edle Kunst des Krieges. In dieser Zeit begann Friedrich Wilhelm Frankreich zu schätzen und zu lieben; so wurden hier die ersten Voraussetzungen dafür geschaffen, daß er einmal der Wohltäter unglücklicher Franzosen werden konnte.

Aber in welch beklagenswertem Zustand fand er seine Territorien vor, als er, noch jung, im Jahre 1640 den Thron bestieg! Der Dreißigjährige Krieg hatte sie bis zum äußersten geplündert und völlig entvölkert. Insgesamt boten sie das Schauspiel einer traurigen Leere. In der ganzen Grafschaft Ruppin beispielsweise, die ja mehrere Meilen groß ist und heute acht Städte und mehr als hundert Dörfer umfaßt, blieben damals lediglich vier Dörfer vom Toben der feindlichen Armeen verschont. In der ganzen Mark Priegnitz, die heute mehrere Städte und 250 Dörfer hat, war nur ein einziger Geistlicher übriggeblieben, und zwar im Dorf Plattenburg. In der ganzen Gegend hatte er jedes Jahr höchstens vier oder fünf Kinder zu taufen.

Die ganze Größe und die ganze Kraft eines Genies war nötig, um angesichts dieser Trostlosigkeit nicht zu verzweifeln. Unermüdlich arbeitete Kurfürst Friedrich Wilhelm – und hatte höchst erstaunlichen Erfolg! Auswanderer aus Holland und aus anderen Ländern hatten in der Mark bereits Kolonien gegründet, als der Widerruf des Ediktes von Nantes ihm die Gelegenheit bot, ein – fast könnte man sagen – ganz neues Volk zu gewinnen. Keine seiner Eroberungen, die er jemals machte, war so ganz und gar gewaltlos, keine auch so vorteilhaft und erfolgreich. Nicht einmal die größte Provinz, die er erwerben konnte, verschaffte ihm einen derartigen Machtzuwachs.

Seine Heirat mit Luise Henriette von Oranien, einer Enkeltochter Admiral Colignys, machte den Berliner Hof französisch; seitdem wurde französisch gesprochen, seitdem herrschten französische Sitten. Johann Georg II., Fürst von Sachsen-Anhalt, heiratete die Schwester Luise Henriettes, die vorwiegend in Berlin residierte. Für ihre Schönheit und Klugheit war sie berühmt, und ihr Einfluß am Hofe soll beträchtlich gewesen sein. Die beiden Schwestern machten Berlin zu einem Anziehungspunkt lange vor dem Widerruf des Ediktes von Nantes.

Schon damals wurden die wichtigsten Aufgaben des Staates von Männern übernommen, die ihre Bildung ganz oder teilweise in

Frankreich erworben hatten. Fast alle kurfürstlichen Minister sprachen ein ausgezeichnetes Französisch; die Archive liefern hiervon unzählige Beispiele.

Eine der wichtigsten Familien des Landes, die Grafen Dohna, waren durch ihre Frankreich-Aufenthalte und ihre dortigen Verbindungen fast völlig französisch geworden. Zum kurfürstlichen Hause hatten sie enge Beziehungen; und die französischen Kolonien verdanken ihnen so manchen Beschützer und guten Vorgesetzten. Fabian von Dohna kommandierte die Truppen, die die deutschen protestantischen Fürsten dem König von Navarra, dem späteren Heinrich IV., zu Hilfe geschickt hatten. Der reformierten Kirche schloß sich Fabian von Dohna in Heidelberg an, wo er im Dienste des Pfalzgrafen stand. So kam es, daß die Familie von Dohna als erste preußische Familie die reformierten Interessen unterstützte.

2.

Die Reformierten in Frankreich und der Briefwechsel des Kurfürsten mit dem König

Der französische Protestantismus war zunächst von Martin Luther beeinflußt, wurde dann aber in zunehmendem Maße durch Johannes Calvin (1509–1564) geprägt. Die Protestanten, die sich auf Calvin und einige Schweizer und süddeutsche Reformatoren beriefen, nannten sich »die nach Gottes Wort reformierte Kirche«. Seit 1576 machte man aus dieser Selbstbezeichnung eine Beschimpfung und nannte sie offiziell »die vorgeblich reformierte Religion« (la religion prétendue réformée) oder auch nur »die besagte Religion«.

Von den Lutheranern unterscheiden sich die reformierten Protestanten zum Beispiel in der Abendmahlsfrage, durch ein starkes Laienelement, die Ablehnung jeder Rangordnung innerhalb der Kirche und die größere Strenge und Einfachheit in der Gottesdienstgestaltung und im Kirchenbau.

Heinrich IV., protestantisch erzogen, konvertierte 1593 zum Katholizismus, um König von Frankreich zu werden und um dann – so hoffte er – Katholiken und Protestanten in seinem Lande zu versöhnen. 1598 unterzeichnete er das Edikt von Nantes, das zwar die Reformierten den Katholiken nicht völlig gleichstellte, ihnen aber gewisse Freiheiten und einklagbare Rechte gab. Diese Rechte wurden allmählich – örtlich und zeitlich verschieden – in der Praxis immer mehr beschränkt und die Reformierten offen oder versteckt bekämpft. Einzelheiten über die Handhabung des Ediktes von Nantes schildert auch Kapitel 12.

Erman und Reclam geben nicht den ganzen Briefwechsel zwi-

schen Friedrich Wilhelm und Ludwig XIV. wieder, sondern nur einen Ausschnitt. Interessant ist, wie die beiden Verfasser den König einschätzen: Sie können sich nicht vorstellen, daß der Regent die Verdienste der Reformierten zu schätzen weiß und trotzdem ihre Verfolgung duldet, ja sogar betreibt! Sie können nicht glauben, daß Ludwig XIV. falschspielte!

Das Edikt von Nantes ist sehr umfangreich, es können hier nur einige Auszüge wiedergegeben werden; sie sollen den Geist des Ediktes deutlich machen. Sein Ziel ist »guter und dauerhafter Frieden« und die »Wiederherstellung dieses ganzen Staates in seinem früheren Glanze, seiner Macht und Stärke« (Vorspruch). Die Protestanten dürfen Gottesdienste abhalten, nicht überall, sondern die Plätze werden nach verschiedenen Kriterien bestimmt, beispielsweise: »Auch erlauben wir denen von der besagten Religion, den Gottesdienst nach derselben in allen den Städten und Ortschaften Unserer Herrschaft vorzunehmen und fortzusetzen, wo derselbe von ihnen eingerichtet und mehrere und verschiedene Male im Jahre 1596 und 1597 bis Ende August öffentlich ausgeübt worden ist, trotz aller etwa entgegenstehenden Verordnungen und Richtersprüche.« (9)
Protestantische Eltern haben das Recht, ihre Kinder protestantisch zu erziehen (18). Weiter sollen alle Protestanten die gleichen Möglichkeiten der Berufsausübung haben wie die Katholiken: »Um den Wünschen Unserer Untertanen um so besser entgegen zu kommen, wie es Unsere Absicht ist, und allen Klagen für die Zukunft vorzubeugen, erklären Wir alle die, welche sich zu der besagten vorgeblich reformierten Religion bekennen oder bekennen werden, für fähig, alle Stellungen, Würden, Dienste und öffentlichen Ämter jeglicher Art... zu bekleiden. Sie sollen ohne Unterschied zu denselben zugelassen werden...« (27)
Überhaupt sollen die Protestanten im öffentlichen Leben keine Nachteile erfahren: »Wir befehlen, daß inbetreff der besagten Reli-

gion kein Unterschied und keine Sonderung gemacht werde bei der Aufnahme der Schüler zum Unterricht an den Universitäten, Kollegien und Schulen, noch der Kranken und Armen in den Hospitälern, Krankenhäusern und bei öffentlichen Almosen.« (22)

Alles in allem soll ein Schlußstrich unter die Streitigkeiten zwischen Katholiken und Protestanten gezogen und ein ganz neuer Anfang gemacht werden: »Wir verbieten allen Unseren Untertanen, wes Standes und Berufes sie auch seien, die Erinnerung daran aufzufrischen, sich anzugreifen, nachzutragen, zu beleidigen, noch einander Vorwürfe über das, was vergangen ist, herauszufordern, aus welchem Grunde oder unter welchem Vorwande es auch sei; noch auch darüber zu disputieren, zu streiten, zu hadern, noch sich zu beschimpfen oder mit Tat oder Wort zu beleidigen; vielmehr sollen sie sich friedlich mit einander wie Brüder, Freunde und Mitbürger halten und also leben, bei Zuwiderhandlung werden sie als Störer der öffentlichen Ruhe und Ordnung bestraft.« (2)

Aufgabe der Herrscher ist es, über das irdische Glück ihrer Untertanen zu wachen; und wenn die religiösen Anschauungen da keine Unruhe stiften, dürfen die Herrscher sich diesen nicht entgegenstellen. Vielmehr sind sie von der Vorsehung in ihr Amt eingesetzt, damit sie den Bürger an seine Pflicht erinnern, die er als Bürger zu erfüllen hat; keineswegs aber dürfen sie ihm vorschreiben, was er als Christ zu glauben hat. Kein Mensch, auch kein Fürst, hat das Recht, dem glaubenden Gewissen zu befehlen.

Die fortwährende Unterdrückung, unter der die Reformierten in Frankreich zu leiden hatten, führte dazu, daß einige mit Ludwig XIV. verbündete Mächte sich für diese unglücklichen Menschen interessierten und sich an den König wandten. Nach solchen Interventionen schien manchmal ein wenig Ruhe einzukehren.

Auch Kurfürst Friedrich Wilhelm von Brandenburg, bekannt unter dem Namen »der Große Kurfürst«, zählte zu denen, die dem Schicksal der Reformierten nicht gleichgültig zusahen. Auf seine

Fürsprache zugunsten der Unterdrückten antwortete der König in sehr verbindlicher Weise am 6. September 1666. Hier der Anfang des Briefes:

»Mon frère, ich habe Euren Brief vom 13. des vorigen Monats erhalten; darin wollt Ihr mir meine Untertanen anempfehlen, die Eurer Meinung nach Unterdrückung und Unrecht erleiden, was gegen den Geist der Edikte verstoße. Ich gestehe Euch, daß Euer Brief mich außerordentlich überrascht hat; ist doch die Angelegenheit von solcher Art, daß ich jedem anderen Fürsten, für den ich weniger Rücksicht und Achtung empfinde, eine diesbezügliche Kontaktaufnahme mit mir nicht gestatten und auch meinerseits nicht suchen würde. Was aber Eure Person betrifft, so will ich ausschließlich Eure Zuneigung als Ursache Eures Briefes ansehen.«

Die Fortsetzung des Briefes versichert dem Kurfürsten: Der König trage Sorge, daß man den Reformierten alle Privilegien belasse, die das Edikt von Nantes ihnen zugestanden hatte, und daß sie den anderen Untertanen gleichgestellt seien. Und um der Sache mehr Gewicht zu geben, schreibt er noch: »Mich bindet mein königliches Wort, ich bin ihnen gegenüber zu Dank verpflichtet; haben sie mir doch Beweise ihrer Treue gegeben, als sie zu den Waffen griffen, um mir zu dienen; nachdrücklich und erfolgreich widersetzten sie sich schändlichen Plänen, die einige Rebellen in meinem Lande gegen meine königliche Autorität geschmiedet hatten.«

Trieb Ludwig XIV. ein falsches Spiel? Wir haben Mühe, das zu glauben. Hätte er denn wirklich seine Untertanen unterdrücken wollen, deren Treue er rühmt? Also wurde er von seinen Ministern und Beratern getäuscht, und er als einziger hatte keine Kenntnis von dem, was ganz Europa wußte.

Seite 26/27: Dragonaden. Katholische Soldaten dringen in die Häuser ein, ▶
um die Protestanten zum Katholizismus zu bekehren. Aus Elias Benoit,
Histoire de l'Édit de Nantes

Die Gesandten Frankreichs am Hofe von Berlin und anderswo schämten sich nicht, im Namen ihres Souveräns feierlich Protest zu erheben: Man habe von den Gotteshäusern der Reformierten nur solche niedergerissen, die entgegen dem Befehl des Königs seit dem Edikt von Nantes erbaut worden seien; aber ansonsten unterstütze der König seine protestantischen Untertanen in allen ihren Privilegien. Und um diesem Protest den Anschein der Wahrheit zu geben, erging man sich in öffentlichen Erklärungen, die den Reformierten wohlgesinnt schienen. Aber im Grundsatz verließ man den einmal eingeschlagenen Weg der Verfolgung nicht.

Titel zum Edikt von Fontainebleau ▶

DECLARATION DV ROY,

L'ÉDIT DE NANTES
est
RÉVOQUÉ

Louis par la grace de Dieu Roy de France
et de Nauarre A tous presens et avenir Salut, le Roy
Henry le grand n're ayeul de glorieuse memoire voulant empescher
que la paix quil auoit procuré a ses subjets, apres les grandes ex-
pertes quils auoient souffert par la durée des guerres ciuiles
et estrangeres, ne fust troublé à l'occasion de la Religion pretendue.

3.

Der Widerruf des Ediktes von Nantes und seine Folgen: Réfugiés in Holland, England – und in Brandenburg-Preußen

Am 18. Oktober 1685, nach dem in Brandenburg-Preußen noch gültigen Kalender am 8. Oktober, unterzeichnet Ludwig XIV. das Edikt von Fontainebleau, das das Edikt von Nantes offiziell widerruft. Die Prediger müssen das Land verlassen, die anderen Reformierten müssen katholisch werden. Wer sich widersetzt, wird hart bestraft mit Todesurteil, Folter, Galeere, Gefängnis oder Zwangsbekehrung durch Einquartierung katholischer Soldaten (Dragonaden).

Aus allen Teilen des Landes wandern Reformierte aus, in Familien, in größeren Gruppen, manchmal auch einzeln. Auf abenteuerlichen Wegen, verkleidet, unter großen Strapazen gelangen sie in die Nachbarländer.

Das Edikt von Fontainebleau vom 18. Oktober 1685

Ludwig, von Gottes Gnaden König von Frankreich und von Navarra, allen Gegenwärtigen und Zukünftigen Gruß! Der König Heinrich der Große, Unser Großvater glorreichen Andenkens, von dem Wunsche geleitet, zu verhindern, daß der Friede, den er seinen Untertanen nach den großen, während der Dauer der inneren und äußeren Kriege von ihnen erlittenen Verluste wieder verschafft hatte, aus Anlaß der vorgeblichen reformierten Religion gestört würde, wie es unter den Regierungen der Könige, seiner Vorgänger, geschehen war, wollte durch sein zu Nantes im Monat April 1598 gegebenes Edikt das Verhalten regeln, welches gegen die von der besagten Religion beobachtet werden sollte, die Orte bestimmen, in denen sie dieselbe sollten ausüben kön-

30

nen, außerordentliche Richter einsetzen, um ihnen Recht zu sprechen, und endlich sogar durch besondere Artikel für alles das sorgen, was er für nötig hielt, um die Ruhe in seinem Königreiche zu erhalten, und um die Abneigung zu verringern, die zwischen denen von der einen und von der anderen Religion bestand, damit er besser im Stande wäre, seinem festen Vorsatze gemäß, an der Wiedervereinigung derer mit der Kirche zu arbeiten, die sich so leichtfertig von ihr entfernt hatten. Und da die Absicht des Königs, Unseres besagten Großvaters, wegen seines schleunigen Todes nicht ausgeführt werden konnte und die Ausübung des besagten Edikts sogar während der Minderjährigkeit des hochseligen Königs, Unseres sehr verehrten Herrn und Vaters glorreichen Andenkens, durch neue Unternehmungen derer von der vorgeblichen reformierten Religion unterbrochen wurde, gaben diese Anlaß, ihnen verschiedene Vorteile zu entziehen, die ihnen durch das besagte Edikt bewilligt worden waren. Nichtsdestoweniger gewährte ihnen Unser besagter hochseliger Herr und Vater nach seiner gewöhnlichen Milde noch ein neues Edikt zu Nîmes im Monat Juli 1629. Als mittels dessen die Ruhe von neuem wieder hergestellt worden war, hatte der besagte hochselige König, angefeuert von demselben Geiste und demselben Eifer für die Religion wie der König, Unser besagter Großvater, beschlossen, diese Ruhe zu benutzen, um zu versuchen, ob er dessen fromme Absicht zur Ausführung bringen möchte; aber, da wenige Jahre nachher die Kriege mit dem Auslande eintraten, derart, daß seit 1635 bis zu dem Waffenstillstande, der im Jahre 1684 mit den Fürsten von Europa geschlossen wurde, das Königreich nur ganz vorübergehend ohne Beunruhigung gewesen ist, war es nicht möglich, etwas anderes zugunsten der Religion zu tun, als die Zahl der Gottesdienste der vorgeblichen reformierten Religion durch Untersagung derjenigen zu vermindern, die als den Vorschriften der Edikte zuwider eingerichtet befunden wurden, und die gemischten Kammern zu unterdrücken, deren Errichtung nur vorläufig geschehen war. Jetzt endlich hat Gott in seiner Gnade gefügt, daß Unsere Völker eine vollkommene Ruhe genießen, und daß Wir Selbst, nicht mehr mit der Sorge beschäftigt, sie gegen Unsere Feinde zu schützen, diese Waffenruhe ausnutzen konnten, die Wir durch Unser Entgegenkommen erleichtert haben, um mit ganzem Fleiße zu erforschen, wie Wir die Absicht der Könige, Unseres besagten Großvaters und Unseres Vaters, in die Wir seit Unserer Thronbesteigung eingetreten sind, zum guten Ende führen könnten. So sehen Wir nun jetzt mit dem gerechten Danke, den Wir Gott schuldig sind, daß Unsere Sorgen das vorgesteckte Ziel erreicht haben, da ja der bessere und größere Teil Unserer Untertanen von der besagten vorgeblichen reformierten Religion die katholische angenommen hat. Weil denn nun dieserhalb die Ausführung des Edikts von Nantes und alles dessen, was zugunsten der besagten vorgeblichen reformierten Religion angeordnet worden ist, den Nutzen verloren hat, so haben wir geurteilt, daß wir nichts Besseres tun könnten, um die Erinnerung an die Unruhen, die Verwirrung und die Leiden, welche der Fortschritt dieser falschen Religion in Unserem Königreiche verursacht hat, und welche Veranlassung gegeben haben zu dem besagten Edikt und zu so vielen anderen Edikten und Erklärungen, die ihm vorangegangen oder in seiner Folge erlassen sind, vollständig auszulöschen, als das besagte Edikt von Nantes und die besonderen Artikel, die im Anschluß an dasselbe bewilligt worden sind, und alles, was noch nachher zugunsten der besagten Religion geschehen ist, vollständig aufzuheben.

1. Tun zu wissen, daß Wir aus diesen und anderen hinzukommenden Uns bewegenden Ursachen und aus Unserer sicheren Erkenntnis, königlichen Allgewalt und Macht durch dieses gegenwärtige, beständige und unwiderrufliche Edikt unterdrückt und aufgehoben haben, unterdrücken und aufheben das Edikt des Königs, Unseres besagten Großvaters, gegeben zu Nantes im Monat April 1598, in seiner ganzen Ausdehnung zusamt den besonderen Artikeln vom folgenden 2ten Mai und den Patentbriefen, die inbezug auf dieselben erlassen worden sind; und das Edikt, gegeben zu Nîmes im Juli 1629; erklären sie für nichtig und für nicht erlassen zusamt allen Zugeständnissen, die durch diese wie durch andere Edikte, Erklärungen und Erlasse den Leuten von der besagten vorgeblichen reformierten Religion, welcher Art sie auch sein mögen, jemals gegeben sind; welche gleicherweise für alle Zeit als nicht geschehen gelten sollen. Und infolgedessen wollen Wir und gefällt es Uns, daß alle Tempel derer von der besagten vorgeblichen reformierten Religion, die in Unserem Königreiche, Ländern, Gütern und Herrschaften Unserer Botmäßigkeit gelegen sind, unverzüglich zerstört werden.

2. Verbieten Unseren besagten Untertanen von der vorgeblichen reformierten Religion, sich noch ferner zu versammeln, um den Gottesdienst nach der besagten Religion an irgend einem Orte oder in einem Privathause, unter welchem Vorwande es auch sein könnte, zu halten; selbst nicht wirkliche oder Balleigottesdienste, auch wenn etwa die besagten Gottesdienste durch Entscheidungen Unseres Rates aufrecht erhalten sein sollten.

3. Verbieten gleicherweise allen Gutsherren, in welcher Stellung sie

sich auch befinden, den Gottesdienst in ihren Häusern und Lehen anzustellen, welcher Art die besagten Lehen auch seien; das alles und gegen alle Unsere besagten Untertanen, welche den besagten Gottesdienst anstellen würden, bei Strafe der Einziehung ihrer selbst und ihrer Güter (à peine de confiscation de corps et de biens).

4. Befehlen ernstlich allen Predigern (Ministres) der besagten vorgeblichen reformierten Religion, die sich nicht bekehren und die katholische, apostolische und römische Religion annehmen wollen, vierzehn Tage (quinze jours) nach der Veröffentlichung Unseres gegenwärtigen Ediktes Unser Königreich und die Länder Unserer Botmäßigkeit zu verlassen, ohne sich von da an darin aufhalten, noch auch während der besagten Frist von vierzehn Tagen irgend welche Predigt, Ermahnung oder andere Amtshandlung verrichten zu dürfen; bei Strafe der Galeeren.

5. Wollen, daß diejenigen der besagten Prediger, welche sich bekehren werden, fortfahren, während ihres Lebens, und ihre Witwen nach ihrem Tode, so lange sie im Witwenstande bleiben, dieselbe Befreiung von Steuern und von Einquartierung zu genießen, die sie während der Ausübung ihres Amtes als Prediger genossen haben; und überdies wollen Wir den besagten Predigern zeitlebens ein Jahrgeld zahlen lassen, das um ein Drittel größer ist, als die Einkünfte, die sie als Prediger bezogen, von welchem Jahrgelde die Hälfte ihre Frauen nach ihrem Tode, so lange diese im Witwenstande bleiben, ebenfalls genießen sollen.

6. Wenn etliche der besagten Prediger wünschen, Anwälte zu werden oder den Doktorgrad in der Rechtskunde zu erwerben, so wollen und gebieten Wir, daß sie von den drei Studienjahren, die durch Unsere Verordnungen vorgeschrieben sind, entbunden werden; und wenn sie die gewöhnlichen Prüfungen abgelegt haben und durch dieselben für fähig befunden sind, sollen sie zu Doktoren ernannt werden, indem sie nur die Hälfte der Sporteln bezahlen, die man zu dem Ende an jeder Universität gewohnt ist zu nehmen.

7. Verbieten die besonderen Schulen der vorgeblichen reformierten Religion zum Unterricht der Kinder und insgemein alles und jedes, was ein Zugeständnis, welcher Art es auch sei, zugunsten der besagten Religion bedeuten könnte.

8. Inbetreff der Kinder, welche denen von der besagten vorgeblichen reformierten Religion geboren werden, wollen Wir, daß sie fortan durch die Seelsorger der Pfarreien getauft werden. Befehlen den Vätern und Müttern ernstlich, sie zu dem Ende in die Kirchen zu schicken, bei Strafe von fünfhundert Livres (Francs) und mehr, je nach Gelegenheit; und sollen die Kinder nachher in der katholischen, apostolischen und römi-

schen Religion erzogen werden; worüber die Hand zu halten, Wir den Richtern der Ortschaften ganz ausdrücklich und ernstlich befehlen.

9. Und um unserer Milde gegen die von der genannten vorgeblichen reformierten Religion vollen Lauf zu lassen, die Unser Königreich, Länder und Herrschaften Unserer Botmäßigkeit vor der Veröffentlichung Unseres gegenwärtigen Ediktes verlassen haben, so wollen und genehmigen Wir, daß, falls sie in der Zeit von vier Monaten vom Tage der besagten Veröffentlichung an zurückkehren, alsdann ihnen freistehe und gestattet sei, wieder in den Besitz ihrer Güter einzutreten und derselben gerade so zu genießen, als ob sie immer darin verblieben wären; dagegen, daß die Güter derjenigen, die in dieser Zeit von vier Monaten nicht in Unser Königreich oder Länder und Gebiete Unserer Botmäßigkeit, die sie verlassen hatten, zurückkehren, eingezogen seien und bleiben in Gemäßheit Unserer Verordnung vom 20sten des letzten Augustmonats.

10. Verbieten ganz ausdrücklich und wiederholentlich allen Unseren Untertanen von der genannten vorgeblichen reformierten Religion, ihnen, ihren Frauen und Kindern, aus Unserem besagten Königreiche, Ländern und Gebieten Unserer Botmäßigkeit auszuwandern, noch ihre Güter und Besitztümer daraus zu entfernen, bei Strafe der Galeeren für die Männer und Einziehung von Leib und Gut für die Frauen.

11. Wollen und befehlen, daß die Erlasse die gegen die Rückfälligen gegeben sind, nach Form und Inhalt ausgeführt werden.

Im übrigen können die von der genannten vorgeblichen reformierten Religion, bis es Gott gefällt, sie wie die übrigen zu erleuchten, in den Städten und Orten Unseres Königreichs, Ländern und Gebieten Unserer Botmäßigkeit bleiben und dort ihren Handel fortsetzen und ihre Güter genießen, ohne unter dem Vorwande der besagten vorgeblichen reformierten Religion gestört und behelligt werden zu dürfen; unter der Bedingung, wie gesagt, keinen Gottesdienst zu veranstalten, noch unter dem Vorwande von Gebeten oder von Kultushandlungen der besagten Religion, welcher Art sie auch seien, sich zu versammeln; bei den vorher bezeichneten Strafen Leibes und Gutes.

So geben Wir zu Befehl Unseren Lieben und Getreuen, den Mitgliedern Unserer Parlaments-, Rechnungs- und Steuer-Höfe, Bailifs, Sene-

Kurfürst Friedrich Wilhelm ▶

Frederik Wilhelm by de Gratie Gods
Keurvorst van Brandenburg
by Nicolaes Visscher me Privil
I.G.F.

Kurfürst Friedrich Wilhelm und seine erste Gemahlin, Luise Henriette von Oranien

Die Bartholomäusnacht. Zeitgenössische Zeichnung. 1572, am 24. August (dieser Tag ist nach dem katholischen Heiligenkalender dem Apostel Bartholomäus gewidmet), werden in Paris etwa dreitausend Protestanten umgebracht (siehe Zeittafel)

Gedenktafel zur Erinnerung an das Edikt von Nantes:
»Wenn du vorübergehst, erinnere dich
In dieser Stadt Nantes unterzeichnete Heinrich IV., König von Frankreich, am 13. April 1598 das ewige und unwiderrufliche Toleranzedikt, das den Protestanten Religionsfreiheit gibt.«

PASSANT SOUVIENS-TOI
EN CETTE VILLE DE NANTES
HENRY IV ROY DE FRANCE
SIGNA LE 13 AVRIL 1598
L'EDIT DE TOLERANCE
PERPETUEL & IRREVOCABLE
ACCORDANT LA LIBERTE
DE RELIGION AUX PROTESTANTS

38

schällen, Profossen, Gerichts- und sonstigen Beamten, die es angeht, und ihren Stellvertretern, daß sie angesichts dieses Unser gegenwärtiges Edikt lesen, veröffentlichen und eintragen lassen in ihren Höfen und nachgeordneten Gerichten und dasselbe von Punkt zu Punkt halten, erfüllen und beobachten lassen, ohne ihm zuwiderzuhandeln, noch zu gestatten, daß ihm in irgend welcher Art zuwidergehandelt werde. Denn so gefällt es Uns!

Und damit dies fest und beständig sei für immer, haben Wir diesem besagten gegenwärtigen Briefe Unser Siegel anhängen lassen.

Gegeben zu Fontainebleau im Monat Oktober, im Jahre der Gnade 1685 und Unseres Königtums im 43.

Gezeichnet: Ludwig.
Le Tellier.

Und auf der Rückseite: Visa:

Und zur Seite:

Von wegen des Königs:
Colbert.

Gesiegelt mit dem großen Siegel von grünem Wachs auf Bändern von roter und grüner Seide.

Unterschriften unter das Edikt von Fontainebleau

◀ König Ludwig XIV

Die schlimmsten Taten werden entschuldigt, wenn gekrönte Häupter sie begehen. Manchmal gelingt es den Apologeten sogar, mit dem Schein der Tugend und der Weisheit zu schmücken, was doch aus Unwissenheit oder böser Absicht geschah. Dabei kann es sogar passieren, daß auch Böses gute Folgen hat. Beispielsweise hätte Europa ohne die Kreuzzüge noch länger in der Barbarei verharrt; trotzdem waren diese doch nicht weniger wahnwitzig und fanatisch. Und die Päpste, die die Regenten und Völker zur Begeisterung trieben, machten sich trotzdem nicht weniger schuldig, denn ihre Politik opferte Millionen Menschen – aus Machtgier.

Der Widerruf des Ediktes von Nantes war für Frankreich verhängnisvoll. Es verlor fast eine Million Einwohner. Künste und Fertigkeiten aller Art, die es für immer zu besitzen glaubte, wurden anderswo heimisch; in kurzer Zeit mußte Frankreich auf die Mittel verzichten, die Deutschland zum Aufbau seiner Wirtschaft brauchte. Jeder gute Franzose wird die Blindheit Ludwigs XIV. beklagen und die entsetzliche Intoleranz derer verabscheuen, die ihn zu einer solchen Politik verführten. Betrachtet man aber diese Dinge unter einem anderen Gesichtspunkt, muß man sich fragen: Wurde nicht das Unglück Frankreichs zu einem Glück für die anderen Länder?

Von allen Ländern, deren Regierungen eine weise Toleranz walten ließen, zog Holland die größte Zahl von Réfugiés an; und die Fehler, die man in Frankreich aus Willkür und Borniertheit beging, nützten zunächst Holland am meisten. Die geographische Nähe, die Beziehungen des Hauses Oranien zum französischen Adel, die wallonischen Gemeinden, die ihren Gottesdienst französisch hielten, viele Reformierte, die schon vor dem Widerruf des Ediktes von Nantes ausgewandert waren, sich in Holland niedergelassen hat-

»Der Große Kurfürst empfängt die Réfugiés in seinem Land.« Stich von ▶
Chodowiecki

40

Le grand Électeur reçoit les refugiés dans ses États.

D.Chodowecki. Sc.

ten und dort jede nur wünschenswerte Förderung und Hilfe erhielten – all dies war für viele Réfugiés Grund genug, sich dorthin zu begeben. Und sie wurden in ihren Erwartungen nicht enttäuscht.

Eine Regierung, die nur die Einhaltung der Landesgesetze fordert, die sich in Glaubensdinge nicht einmischt und andere Meinungen toleriert, sofern sie die Bürger in ihrer Loyalität zum Staat nicht schädlich beeinflussen, wird natürlich Menschen gleicher Religion mit offenen Armen empfangen. Die Réfugiés wurden mit nahezu unglaublichen Wohltaten überhäuft. Für die Armen unter ihnen sammelten die Gemeinden im Haag an einem einzigen Sonntag mehr als zehntausend Ecus. Die Juden von Amsterdam gaben für denselben Zweck vierzigtausend Ecus. Wer fühlte sich durch diesen Gegensatz nicht tief getroffen? Der allerchristlichste König verfolgt seine allerchristlichsten Untertanen – und Juden helfen ihnen in ihrem Exil!

Die Franzosen aber, die sich nun in Deutschland, genauer: im Norden Deutschlands, wiederfanden, waren natürlich überhaupt nicht glücklich; denn hier hatte das überragende Genie Friedrich Wilhelms ja gerade erst begonnen, Landwirtschaft und Handel, Künste und Wissenschaft wieder zum Leben zu erwecken.

Jedes Volk ist irgendwie festgelegt. Es liebt sein Land mehr als alle anderen Länder, es rühmt seine Schönheit und seine Vorzüge, und dabei übertreibt es nicht selten. Ungerecht und unweise wäre es aber, wollte man dem Volk daraus einen Vorwurf machen. Beglückwünschen wir doch lieber den Einwohner Grönlands oder Lapplands, wenn es ihm in seinem unwirtlichen Klima gefällt!

Die Kurfürstin gibt einem Juwelier ihren Schmuck zur Reparatur; der Kurfürst verlangt Quittung und eine Sicherheit für die wertvollen Gegenstände, was die Kurfürstin zurückweist mit dem Hinweis: »Aber das ist doch ein Réfugié!« Stich von Chodowiecki

D. Chodowiecki del. f. 1784

Mais c'est un Réfugié.

Und lächeln wir nicht so allwissend, wenn er sich zweifelnd fragt, ob das irdische Paradies nicht vielleicht doch mitten in seinem Eis und Schnee existiert habe!

Die Franzosen jedenfalls kamen aus einem fruchtbaren Land, einem Lieblingskind der Natur. Sie waren in ein anderes Land geworfen, mußten dort eine neue Existenz aufbauen, wo sie nicht einmal die Sprache verstanden, wo ihnen Sitten und Gebräuche fremd waren; und jeder Tag machte ihnen neu bewußt, welch großes Opfer es bedeutete, Land und Leute zu verlassen. Viel Weisheit war nötig, um sie in der neuen Zufluchtsstätte heimisch werden zu lassen, damit sie sie lieben lernten und so mit ihrem Verlust allmählich fertig werden konnten. Man mußte ihnen so vorteilhafte Bedingungen schaffen, daß ihre Landsleute ihnen folgten und eben nicht nach England oder Holland gingen, wohin sie die besseren Aussichten lockten.

Andernfalls wären die Klagen der ersten Ankömmlinge sicher bis in die alte Heimat gedrungen und hätten dort Mutlosigkeit verbreitet. Dies wiederum hätte Brandenburg um die vielen Menschen gebracht, die es dringend brauchte und die nun nach und nach kamen.

Das Edikt von Potsdam, das die Verfolgten Frankreichs nach Brandenburg einlud, macht deutlich, wie der Große Kurfürst plante und wie er begann, seinen Plan auszuführen. Seine Nachfahren sind ihm darin gefolgt, und die Geschichte hat seinen weisen Plänen recht gegeben. Die in Brandenburg eingebürgerten Réfugiés hatten alle Rechte erhalten, wurden aber den Einheimischen nicht vollständig gleichgestellt. Sie bildeten keinen Staat im Staate, aber man ließ sie als eigene Nationalität fortbestehen. Für die weltlichen und geistlichen Belange gestand man ihnen Regelungen zu, die sie auch in Frankreich gehabt hatten; beispielsweise besaßen sie ihre eigene Gerichtsbarkeit, ihre Consistoires.

So schuf Brandenburg für sie noch einmal ein Bild ihrer Heimat, die sie in Ehren hielten, ja mehr noch: die sie liebten – trotz aller

Widerwärtigkeiten, unter denen sie dort gelitten hatten. So ist der Mensch, daß er sich das vergangene Unglück viel kleiner im Gedächtnis bewahrt und das Gute viel größer, als beides in Wirklichkeit gewesen ist.

4.
Das Edikt von Potsdam

Kurfürst Friedrich Wilhelm war nicht der erste Regierende, der Réfugiés in sein Land einlud. Landgraf Karl von Hessen unterzeichnete bereits im April 1685, also ein halbes Jahr früher, die »Freiheitskonzession und Begnadigung« für diejenigen, »welche in dem Fürstentum Hessen, den dazugehörigen Grafschaften und

Chur-Fürstlich-Brandenburgisches

EDICT

worinnen enthalten

Alle Berechtigungen/Freyheit-und Privilegien, welche Jhro Chur-Fürstl. Durchl. denender ReformirtenReligion zugethanen Frantzosen/ so sich in Dero Landen niederlassen wollen/ zu gönnen versprochen.

Geben Potsdam den 29. Octob. 1685.

Edikt von Potsdam, Titelblätter von zeitgenössischen Drucken in deutscher u

Herrschaften sich niederzulassen gemeint, und der reformierten Religion beigetan sind, in dero sonderlichen Schutz genommen...«

Obwohl Kurfürst Friedrich Wilhelm ja längst vom Schicksal der Reformierten in Frankreich wußte, zögerte er noch – wahrscheinlich aus diplomatischen Rücksichten gegenüber Ludwig XIV.

Am 29. Oktober 1685 setzte er seine Unterschrift unter das Edikt von Potsdam, genau drei Wochen nach dem Widerruf des Ediktes von Nantes, dem Edikt von Fontainebleau. In Frankreich rechnete man schon nach dem heute gültigen, dem gregorianischen Kalender, in Preußen bis 1700 nach dem julianischen. Die Differenz betrug zehn Tage, so daß nach heute gültiger Zeitrech-

E D I T

De Sa Senerité Electorale de

Brandebourg,

Qui expose

Tous les Droits, Franchises & Privileges que Sadite
Senerité Electorale accordera aux François de la Religion
Reformée, qui viendront s'établir dans ses
Estats.

Donné à Postdam le 29 d'Octobre 1685.

ranzösischer Sprache

nung die Unterzeichnung des Potsdamer Ediktes am 8. November erfolgte.

Das Edikt wurde in deutscher und französischer Sprache verbreitet, aber auch in Holländisch. Einer der Sonderbeauftragten des Kurfürsten, die die Réfugiés in Holland in Empfang nehmen sollten, war Jacques Abbadie, seit 1680 Prediger der französischen Gemeinde in Berlin.

Viele Exemplare des Potsdamer Ediktes gelangten heimlich nach Frankreich, und sie verfehlten ihre Wirkung nicht. Reformierte Franzosen folgten der Einladung, nahmen Ungewißheit, Mühen und Gefahren auf sich, um nach Brandenburg-Preußen zu gelangen.

Das Edikt enthält eine Reihe von einzelnen Bestimmungen. Es weist selbst schon darauf hin, daß diese ergänzt werden müssen (14), und in den nächsten Jahren folgten dann auch weitere Anordnungen.

Bereits am 18. April 1685 hatte der Landgraf von Hessen den reformierten Franzosen Asyl angeboten. Sieht man einmal von Brandenburg-Preußen ab, so hat sein Land die meisten Réfugiés aufgenommen. Es kamen vor allem Handwerker und Bauern. Sie wählten das Land, das sich ihnen als erstes öffnete. Und sie entfernten sich nicht allzu weit von ihrer Heimat, die – so hofften sie – eines Tages die Ausgewanderten zurückholen würde.

Kurfürst Friedrich Wilhelm allerdings bot großzügigere Unterstützung an und mehr Privilegien, so daß nach dem Bekanntwerden des Potsdamer Ediktes viele Bauern von Hessen aus den weiten Weg nach Osten auf sich nahmen.

Das Potsdamer Edikt im deutschen Wortlaut

Das Potsdamer Edikt vom 29. Oktober 1685.

Wir Friedrich Wilhelm, von Gottes Gnaden, Markgraf zu Brandenburg, des heil. Römischen Reichs Erzkämmerer und Churfürst, in Preußen, zu Magdeburg, Jülich, Cleve, Berge, Stettin, Pommern, der Kassuben und Wenden, auch in Schlesien, zu Krossen und Jägerndorf Herzog, Burggraf zu Nürnberg, Fürst zu Halberstadt, Minden, Camin, Graf zu Hohenzollern, der Mark und Ravensberg, Herr zu Ravenstein, und der Lande Lauenburg und Bütow etc. etc.

Thun kund und geben männiglichen hiermit zu wissen, nachdem die harten Verfolgungen und rigoureusen proceduren, womit man eine Zeithero in dem Königreich Frankreich wider Unsere der Evangelisch-Reformierten Religion zugethane Glaubens-Genossen verfahren, viel Familien veranlasset, ihren Stab zu versetzen, und aus selbigem Königreiche hinweg in andere Lande sich zu begeben, daß Wir dannenher aus gerechtem Mitleiden, welches Wir mit solchen Unsern, wegen des heiligen Evangelii und dessen reiner Lehre angefochtenen und bedrengten Glaubens-Genossen billig haben müssen, bewogen werden, mittels dieses von Uns eigenhändig unterschriebenen Edicts denenselben eine sichere und freye retraite in alle unsere Lande und Provincien in Gnaden zu offeriren, und ihnen daheneben Kund zu thun, was für Gerechtigkeiten, Freyheiten und Pracrogativen Wir ihnen zu concediren gnädigst gesonnen seyen, umb dadurch die große Noth und Trübsal, womit es dem Allerhöchsten nach seinem allein weisen unerforschlichen Rath gefallen, einen so ansehnlichen Theil seiner Kirche heimzusuchen, auf einige Weise zu subleviren und erträglicher zu machen.

1. Damit alle diejenigen, welche sich in Unseren Landen niederzulassen resolviren werden, desto mehrere Bequemlichkeit haben mögen, umb dahin zu gelangen und überzukommen, so haben Wir Unsere Envoyé extraordinaire bei denen Herren General-Staten der vereinigten Niederlande, dem von Diest, und Unserm Commissario Romswinkel in Amsterdam anbefohlen, allen denen französischen Leuten, von der Religion, welche sich bey ihnen angeben werden, Schiffe und andere Nothwendigkeiten zu verschaffen, umb sie und die ihrige aus Holland biß nach Hamburg zu transportiren, allwo Unser Hoffrath und Resident im Nieder-Sächsischen Kräyse, der von Gericken, ihnen ferner alle facilität und gute Gelegenheit an Hand geben wird, deren sie werden benöthigt seyn, umb an Ort und Stelle, welche sie in Unsern Landen zu ihren Etablissement erwählen werden, zu gelangen.

2. So viel diejenige anbetrifft, welche über Sedan, aus Champagnen, Lothringen, Burgundien und aus denen nach Mittag gelegenen französischen Provincien, ohne durch Holland zu gehen, nach Unseren Landen sich werden begeben wollen, selbige haben ihren Weg auf Frankfurt am Mayn zu nehmen, und sich daselbst

bei Unserm Rath und Residenten Merian, oder auch zu Cölln an Rhein, bei Unserm Agenten Lely, anzugeben, gestalt wir denn denenselben beyderseits anbefohlen, ihnen mit Gelde, Passeporten und Schiffen beförderlich zu seyn, und sie den Rhein hinunter biß in Unser Hertzogthum Cleve fortzuschaffen, woselbst unsere Regierung Sorge tragen wird, damit sie entweder in Unserm Clev- und Märkischen Landen etablirt, oder, da sie weiter in andere Unsere Provincien zu gehen willens, mit aller desfalls erforderten Nothdurfft versehen werden mögen.

3. Weilen Unsere Lande nicht allein mit allen zu des Lebens Unterhalt erforderten Nothwendigkeiten wol und reichlich versehen, sonderlich zu Etablirung allerhand manufacturen, Handel und Wandels zu Wasser und zu Lande sehr bequem, als stellen Wir denen, die darinn sich werden setzen wollen, allerdings frey, denjenigen Ort, welchen sie in Unserm Hertzogthum Cleve, der Graffschaften Mark und Ravensberg, Fürstenthümer Halberstadt und Minden, oder auch in dem Hertzogthum Magdeburg, Chur-Mark-Brandenburg und Hertzogthümern Pommern und Preußen zu ihrer Profession und Lebensart am bequemsten finden werden, zu erwählen; Und gleichwie Wir dafür halten, daß in gedachter Unserer Chur-Mark-Brandenburg die Städte Stendal, Werben, Rathenow, Brandenburg und Frankfurt, und in dem Herzogthum Magdeburg die Städte Magdeburg, Halle und Calbe, wie auch in Preußen die Stadt Königsberg, sowohl deßhalb weil daselbst sehr wolfeil

zu leben, als auch, wegen der allda sich befindenden facilität zur Nährung und Gewerb vor sie am bequemsten seyn werden, Als haben Wir die Anstalt machen lassen, befehlen auch hiermit und Krafft dieses, sobald einige von erwehnten Evangelisch Reformierten Frantzösischen Leuten daselbst ankommen werden, daß alsdann dieselben wohl aufgenommen, und zu allen dem zu, so ihren etablissement nöthig, ihnen aller Möglichkeit nach verholffen werden soll. Wobey Wir gleich wohl ihrer freyen Wahl anheim geben, auch sonsten außer oberwehnten Städten alle und jede Orte in unsern Provincien zu ihrem etablissement zu erwählen, welche sie in Ansehung ihrer proession und Handthierung vor sich am bequemsten erachten werden.

4. Diejenigen Mobilien, auch Kauffmanns und andere Waaren, welche sie bey ihrer Ankunft mit sich bringen werden, sollen von allen Aufflagen, Zoll, Licenten und dergleichen imposten, sie mögen Nahmen haben wie sie wollen, gäntzlich befreyet seyn, und damit in keinerley Weise beleget werden.

5. Daferne in denen Städten, Flecken und Dörffern, wo mehr gedachte Leute von der Religion sich niederlassen, und ihr domicilium constituiren werden, einige verfallene, wüste und ruinirte Häuser vorhanden, deren Proprietarii nicht des Vermögens wären dieselbe wieder aufzurichten, und in guten erbaulichen Stand zu setzen, so wollen Wir selbige gedachten Unsern Frantzösischen Glaubens=Genossen, für sie, ihre Erben und Erbens=Erben eigenthümlich anweisen und eingeben,

dabey auch dahin sehen lassen, daß die vorigen Proprietarii wegen des Werthes sothaner Häuser befriediget,
und selbige von allen oneribus, hypothequen,
Contributions-Resten und allen andern dergleichen
Schulden, welche vorhin darauff gehaftet, gänztlich
liberiret und frey gemacht werden sollen. Gestalt Wir
ihnen denn auch Holtz, Kalck und andere Materialien,
deren sie zur reparirung dergleichen wüsten Häuser
benöthigt, unentgeltlich anschaffen lassen, und ihnen eine
Sechs-Jährige immunität von allen Aufflagen, Ein-
quartierungen und anderen oneribus publicis, wie
selbige Nahmen haben mögen, verstatten, auch die Verfügung machen wollen, daß deren Einwohner nichts als
die bloße Consumptions-Accise währender solchen
Sechs-Jährigen Freyheit davon abzutragen haben sollen.

6. In diejenigen Städten und andern Orten,
woselbst sich einige wüste Plätze und Stellen befinden,
wollen Wir gleicher Gestalt die Vorsehung thun, daß
dieselbe samt allen dazu gehörigen Gärten, Wiesen,
Aeckern und Weyden gedachten Unsern Evangelisch-
Reformirten Glaubens-Genossen Frantzösischer Nation
nicht allein erb- und eigenthümlich eingeräumet, sondern
auch, daß dieselbe von allen oneribus und beschwerden,
welche sonst darauff gehafftet, gäntzlich liberiret und loß
gemacht werden sollen, gestalt Wir denn auch diejenigen
materialien, deren gedachte Leute zu Bebauung dieser
Plätze bedürffen werden, ihnen ohn- entgeltlich anschaffen und die von ihnen neuerbaute Häusser samt
deren Einwohnern in denen ersten zehn Jahren mit keinen

oneribus außer der oben angeregten Consumptions-Accise belegen laſſen wollen. Und weilen Wir auch gnädigſt gemeinet ſeyn, alle mögliche facilität beyzutragen, damit gedachte Unſere Glaubens-Genoſſen im Unſern Lande untergebracht und etabliret werden mögen, Als haben Wir denen Magiſtraten und andern Bedienten in erwehnten Unſern Provincien gnädigſten befehl ertheilen laſſen, in einer ieden Stadt gewiſſe Häuſer zu miethen, worin gedachte Frantzöſiſche Leute bey ihrer Ankunft aufgenommen, auch die Haußmiethe davon für ſie und ihre Familien 4 Jahr lang bezahlet werden ſoll, Jedoch mit der Bedingung, daß ſie diejenigen Plätze, welche ihnen auff obberührte conditiones werden, mit der Zeit zu bebauen ihnen angelegen ſeyn laſſen.

7. Sobald ſich obgedachte Unſere Evangeliſch-Reformirte Glaubens-Genoſſen Frantzöſiſcher Nation in einiger Stadt oder Flecken niedergelaſſen, ſoll ihnen daſelbſt hergebrachte jura civitatis et opificiorum ohn entgeltlich und ohne Erlegung einiger Ungelder concediret, und eben die beneficia, Rechte und Gerechtigkeiten verſtattet und eingeräumt werden, deren andere Unſere an ſolchen Orten wohnende und ge-

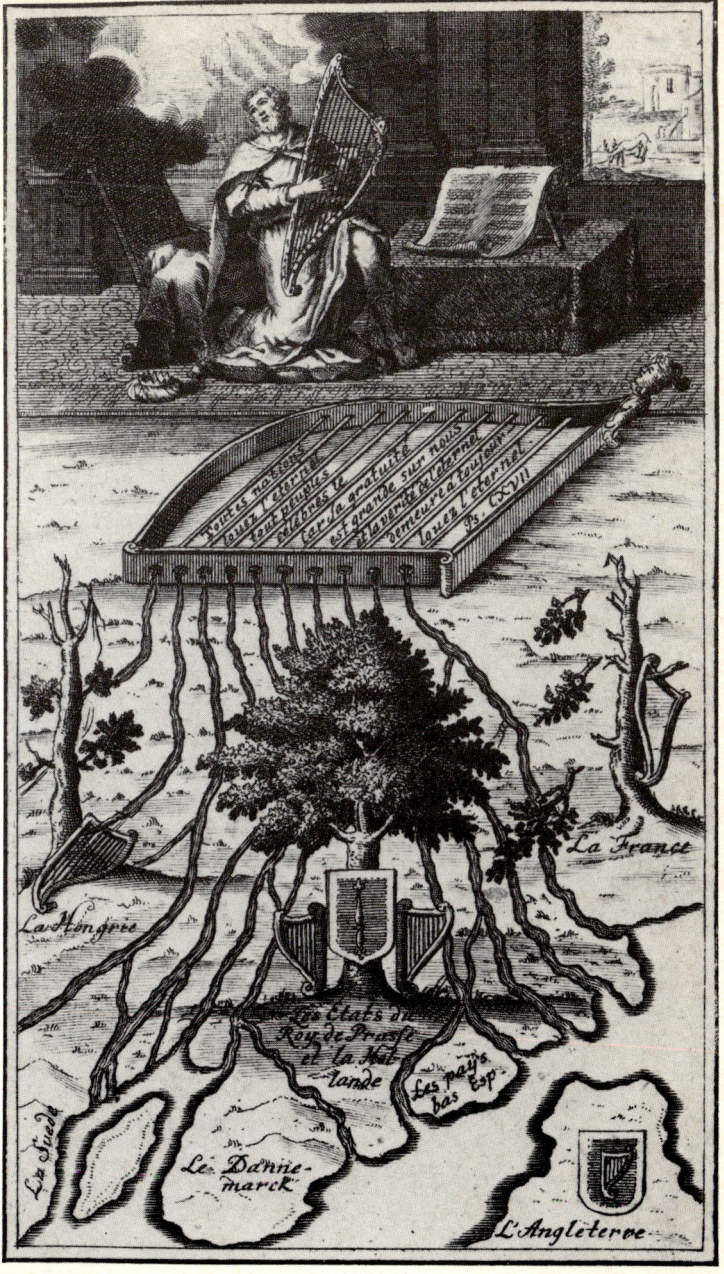

Voici les nations
louez l'éternel
tous peuples
celebrez le
car la gratuite
est grande sur nous
et la verite de l'éternel
demeure à toujours
louez l'éternel
Ps. CXVII

La France

La Hongrie

Les Etats du
Roy de Prusse
et la Hol-
lande

Les pays
bas Esp.

La Suede

Le Danne-
marck

L'Angleterre

Wallfahrt nach *Frantzösch-Bucholz,* eine Zeichnung von Chodowiecki.
Als einmal ein Familienausflug wegen Regens ausfallen mußte, zeichnete
Chodowiecki dieses Bild zum Trost seiner Familie ins Album; die einzel-
nen Personen stellen die Familienmitglieder dar

56

bohrene Unterthanen genießen und fähig seyn. Aller-
maßen Wir sie denn auch von dem so genannten Droit
d'Aubaine und anderen dergleichen Beschwerden, womit
die Fremde in andern Königreichen, Landen und repu-
bliquen belegt zu werden pflegen, gäntzlich befreyet,
auch durchgehends auf gleiche Art und Weise, wie
Unsere eigene angehörige Unterthanen, gehalten und
tractiret wissen wollen.

8. Diejenige welche einige Manufacturen von
Tuch, Stoffen, Hüten oder was sonsten ihre Profession
mit sich bringet, anzurichten willens seyn, wollen Wir
nicht allein mit allen desfals verlangten Freyheiten, Privilegiis und Begnadigungen versehen, sondern auch
dahin bedacht seyn und die Anstalt machen, daß ihnen
auch mit Gelde und andern Nothwendigkeiten, deren sie
zu Fortsetzung ihres Vorhabens bedürffen werden, so
viel möglich assistiret und an Hand gegangen werden soll.

9. Denen so sich auff dem Lande setzen, und mit
dem Ackerbau werden ernähren wollen, soll ein gewiß
Stück Landes uhrbar zu machen angewiesen, und ihnen
alles dasjenige, so sie im Anfang zu ihrer Einrichtung
werden nöthig haben, gereichet, auch sonst überall ebener
gestalt begegnet und fortgeholfen werden, wie es mit
verschiedenen Familien, so sich aus der Schweiz in
Unsere Lande begeben und darinnen niedergelassen, biß
anhero gehalten worden.

10. So viel die Jurisdiction und Entscheidung
der zwischen offt gedachten französischen Familien

fich ereignender Jrrungen und Streitigkeiten betrifft, da
find wir gnädigst zufrieden, und bewilligen hiermit, daß
in denen Städten, woselbst verschiedene französische
Familien vorhanden, dieselbe jemand ihres Mittels
erwählen mögen, welcher bemächtiget sein soll, dergleichen
differentien ohne einige Weitläufftigkeit, in aller Güte
zu vergleichen und abzuthun. Daferne aber solche
Jrrungen unter Teutschen an einer, und Französischen
Leuten anderer Seite sich ereugnen, so sollen selbige
durch den Magistrat eines ieden Orts und diejenigen
welche die Französische Nation zu ihrem Schieds-
Richter erwählen wird, zugleich und gesamter Hand
untersuchet, und summariter zu Recht entschieden und
erhöret werden, welches denn auch als dann statt haben
soll, wann die unter Frantzosen allein vorfallende
differentien, dergestalt wie oben erwehnet, in der Güte
nicht beygeleget und verglichen werden können.

11. In einer jeden Stadt wollen wir gedachten
Unfern Französischen Glaubens-Genossen einen besonderen Prediger halten, auch einen bequemen Ort anweisen
lassen, woselbst das exercitium Religionis Refor-
matae in französischer Sprache, und der Gottesdienst
mit eben denen Gebräuchen und Ceremonien gehalten
werden soll, wie es biß anhero bey den Evangelisch
Reformirten Kirchen in Franckreich bräuchlich gewesen.

12. Gleichwie auch diejenigen von der Französischen
Noblesse, welche sich biß anhero unter Unsere protection und Unsere Dienste begeben, eben der Ehre,
dignitäten, praerogativen, als andere Unsere Adeliche

Unterthanen genießen, Wir auch deren verschiedene zu
den vornehmsten Chargen und Ehren-Aemptern an
Unserem Hoffe, wie auch bey Unserer Miliz würcklich
employret, also sind Wir gnädigst geneigt, ebenmäßige
Gnade und Beforderung denen Frantzösischen vom Adel,
so sich ins künftige in Unsern Landen werden setzen
wollen, zu erweisen, und sie zuallen Chargen, Be-
dienungen und dignitäten, wozu sie capabel werden
befunden werden, zu admittiren, gestalt denn auch
dieselbe, wann sie einige Lehen- und andere Adeliche
Güter in Unsern Landen erkauffen und an sich bringen,
dabey eben der Rechte, Gerechtigkeiten, Freyheiten und
Immunitäten, deren andere Unsere angebohrne Unter-
than genießen, sich gleichergestalt in allewege zu erfreuen
haben sollen.

13. Alle Rechte, Privilegia und andre Wohl-
thaten deren in obstehenden Puncten und Articulen
erwehnet worden, sollen nicht allein denen so von nun
an ins Künfftige in Unsern Landen anlangen werden,
sondern auch denjenigen zu gut kommen, welche vor
publication dieses Edicts der bißherigen Religions-
Verfolgungen halber aus Franckreich entwichen und in
gedachte Unsere Lande sich retriret haben, die aber so
der Römisch-Katholischen Religion zugethan, haben sich
derer in keinerley weyse anzumaßen.

14. In allen und ieden Unsern Landen und Provincien wollen wir gewisse Commissarien bestellen
lassen, zu welchen offt gedachte Frantzösische Leute so
wol bey ihrer Ankunfft als auch nachgehends ihre Zu-

flucht nehmen, und bey denenselben Rath und beyftandes sich erhohlen sollen, Inmaßen wir denn auch allen Unsern Stadthaltern, Regierungen auch andern Bedienten und Befehlshabern, in Städten und auf dem Lande, in allen Unsern provincien, so wol vermttels dieses Unseres offenen Edicts, als auch durch absonderliche Verordnungen, gnädigst und ernstlich anbefehlen wollen, daß sie offterwehnte, Unsere Evangelisch=Reformirte Glaubens=Genossen, Frantzösischer Nation, so viel sich derer in Unsern Landen einfinden werden, samt und sonders unter ihren absonderlichen Schutz und protection nehmen, bey allen oberwehnten ihnen gnädigst concedirten Privilegiis sie nachdrücklich mainteniren und handhaben, auch keinesweges zugeben sollen, daß ihnen das geringste Übel, Unrecht oder Verdruß zugefügt, sondern vielmehr im Gegentheil alle Hülfe, Freundschaft, Liebes und Gutes erwiesen werden. Urkundlich haben wir dieses Edict eigenhändig unterschrieben, und mit Unserm Gnaden=Siegel bedrucken lassen.

So geschehen zu Potstam, den 29 Octobr. 1685.

Friedrich Wilhelm
Churfürst.

Kurzfassung der einzelnen Bestimmungen des Potsdamer Ediktes

1. Beauftragte des Kurfürsten erwarten die französischen Réfugiés in Holland, damit diese über Hamburg nach Brandenburg gelangen.
2. Auch in Frankfurt am Main werden die Réfugiés erwartet und von dort weitergeleitet.
3. Viele Ortschaften in seinen Territorien bietet der Kurfürst als Wohnsitz an. In dem gewählten Wohnort sollen die Réfugiés möglichst ihren erlernten Beruf ausüben können.
4. Die Réfugiés dürfen alle Werte und Waren steuer- und abgabenfrei einführen.
5. Verfallene Häuser, die von den Einheimischen nicht aufgebaut werden können, sollen Eigentum der Réfugiés werden, wenn diese die nötigen Aufbauarbeiten tun. Dazu erhalten sie unentgeltlich Baumaterialien und Steuervergünstigungen für sechs Jahre. Die früheren Eigentümer werden entschädigt.
6. Wer neue Häuser baut, erhält ebenfalls unentgeltlich Baumaterialien. Haus und Grundstück (ob Wiese, Acker oder Garten) wird ihnen als Eigentum zugesprochen, die Steuervergünstigung gilt für zehn Jahre. Für längstens vier Jahre, bis die neuen Häuser fertiggestellt sind, können diese Réfugiés mietfrei in besonders bereitgestellten Häusern wohnen.
7. Wie die Einheimischen, erhalten die Réfugiés das Bürgerrecht und werden ohne besondere Bedingungen in die Zünfte aufgenommen.
8. Wer eine Manufaktur einrichtet, erhält – außer Steuerfreiheit – noch besondere finanzielle und andere Unterstützung.
9. Auch die Bauern, die sich auf dem Lande niederlassen, erhalten besondere Unterstützung.
10. Gibt es unter Franzosen Streitigkeiten, so sollen eigens dafür gewählte Franzosen die Rechtsprechung vornehmen. Für den

Fall, daß die Streitigkeiten auf diesem Wege nicht beigelegt werden können, und für den Fall der Streitigkeiten zwischen Deutschen und Franzosen, sollen die deutschen Behörden unter Hinzuziehung der gewählten Franzosen Recht sprechen.

11. *In den Städten werden Predigtstellen eingerichtet. Die Réfugiés haben das Recht, Gottesdienst in ihrer Sprache und nach ihren Ordnungen durchzuführen.*

12. *Der französische Adel wird dem deutschen Adel gleichgestellt.*

13. *Alle Bestimmungen gelten auch für die französischen Réfugiés, die vor der Veröffentlichung des Potsdamer Ediktes nach Brandenburg-Preußen kamen.*

14. *Besonders dafür eingesetzte Kommissare und alle Behörden im ganzen Land sind angewiesen, die Bestimmungen des Potsdamer Ediktes und ergänzender Verordnungen durchzusetzen und die Réfugiés auf jede erdenkliche Weise zu unterstützen.*

5.
Erste Maßnahmen zur Durchsetzung des Potsdamer Ediktes

Als das Potsdamer Edikt im Ausland bekannt wurde und die ersten größeren Gruppen von Einwanderern kamen, zeigte sich bald, daß die einzelnen Bestimmungen des Ediktes nicht ausreichten. Friedrich Wilhelm und seine Nachfolger ergänzten und präzisierten sie. Oft drängten die Réfugiés selber oder ihre Mittelsleute bei Hofe auf Änderungen.

Kollekten, gelegentlich auch zwangsweise erhoben, waren damals üblich, um außergewöhnliche Vorhaben zu finanzieren.

Bis heute streitet man sich, ob die Behauptung von Erman/Reclam und anderen stimmt, es seien hauptsächlich religiöse Gründe gewesen, die Friedrich Wilhelm bewogen, die Réfugiés in sein Land einzuladen. Verständlich ist, daß die Réfugiés und ihre Nachkommen dieses Motiv immer besonders betont haben!

Die Privilegien, die Friedrich Wilhelm den Réfugiés durch das Potsdamer Edikt einräumte, brachten seinem Lande erhebliche Vorteile; sie waren aber vor allem religiös motiviert. In Preußen gilt wie ein ehernes Gesetz: Alle Privilegien bleiben so in ihrer Gesamtheit erhalten, wie ein Herrscher sie einmal ausgesprochen hat. Auch Friedrich II., der heute der Ruhm Preußens ist, hat sie immer respektiert. So leben wir als französische Kolonie heute noch unter den gleichen Verhältnissen wie unsere Vorfahren vor hundert Jahren.

Wenn nun diese Privilegien aus bestimmten Gründen doch einmal eingeschränkt werden müssen, geschieht dies auf behutsame Weise, und nicht selten erhalten die Betroffenen bald ihre alten Privilegien zurück. Aber die Gründe liegen nicht nur in der Vergangenheit. Neue Familien, die sich wegen der großen Vorteile in diesem Lande niederlassen, die Einrichtung weiterer Manufakturen, Fortschritte in Handel und Kultur – alles das bietet auch heute noch gute Gründe, die alten Privilegien wieder zum Leben zu erwecken oder zu bestätigen.

Zwar hatte der Kurfürst weise Gedanken und vortreffliche Pläne, wie er die Réfugiés in seinen Territorien ansiedeln und ein für alle Male festhalten wollte. Aber wie schaffte er es, diese Unglücklichen auch nur mit dem Allernötigsten zu versorgen? War es doch sein Versprechen gewesen, das sie angelockt hatte und auch anlocken sollte! Viele von ihnen hatten ja nicht nur ihre Heimat, sondern auch ihren Besitz verloren. Riesige Geldsummen brauchte man, damit diese Menschen erst einmal überlebten und die allerwichtigsten Bedarfsgüter erhielten. Darüber hinaus mußte man sie an den Platz stellen, wo ihr Fleiß und ihr Können am besten genutzt wurden – zu ihrem eigenen Vorteil und zum Vorteil des neuen Vaterlandes. Stellen wir uns die Hindernisse, die es zu überwinden gab, nicht gering vor! Und mag es sich auch nur um die Gründung einer kleinen bäuerlichen Kolonie gehandelt haben. Schwer und ungern gewöhnten sich die Fremden an ihre neue Umgebung und an neue Lebensumstände. Viel Mühe machte es, alle ihre Ansprüche zu erfüllen. Und gar nicht selten zeigten sie Launen und äußerten phantasievolle Sonderwünsche!

Worum ging es eigentlich bei der Ansiedlung der Réfugiés?

Es ging um nicht weniger als um Tausende von Einwanderern, Menschen von unterschiedlichem Herkommen, mit allen nur

Der Kurfürst sagt: »Eher verkaufe ich mein Geschirr, als daß ich ihnen (den ▶ Réfugiés) nicht helfen würde!« Stich von Chodowiecki

*Eh bien, il faudra vendre ma vaisselle plustot
que de les laisser manquer de secours.*

möglichen Berufen: Reiche und Arme, von hohem und niederem Stand, gut ausgebildete Leute und Tagelöhner, Greise und Kinder. Alle waren sie mit großen Hoffnungen gekommen und fanden nun ein Land vor, dessen Fruchtbarkeit geringer, dessen Handel schwächer und dessen Bevölkerung weniger gebildet war. In nichts konnte sich dieses Land mit Frankreich vergleichen. Eine neue Existenz mußten diese Menschen aufbauen; unter völlig anderen Bedingungen lebten sie; einige mußten sich ganz und gar umgewöhnen und Handel treiben oder Landwirtschaft oder sonst einen Beruf ausüben, den sie freiwillig nie ergriffen hätten.

An dieser Stelle wollen wir dem Großen Kurfürsten einmal genauer folgen und sehen, wie er die Versprechungen des Potsdamer Ediktes zu erfüllen suchte. Genau wie wir, werden unsere Leser die Weisheit und das Heldentum dieses Mannes bewundern, den die Väter uns lieben lehrten und den das Vaterland rühmt; denn er hat Preußens Größe und Wohlstand begründet.

Als er sein Land den Réfugiés öffnete, wußte er, daß damit erhebliche Ausgaben verbunden sein würden. Reisekosten mußten bezahlt werden; die Armen brauchten Unterstützung; die Kaufleute, die Handwerker und Bauern waren auf Vorauszahlungen angewiesen; für die ansehnliche Zahl von Adligen und Offizieren, die er nicht sogleich in Dienst stellen konnte, mußten Pensionen festgesetzt werden. Bedenkt man, daß durch den Dreißigjährigen Krieg das Land völlig ausgeblutet war, so waren dies in der Tat ungeheuerliche Vorhaben. Das Land bot kaum Möglichkeiten, das, was der Kurfürst gern wollte, in die Tat umzusetzen.

Man schlug dem Kurfürsten vor, er solle von seinen Untertanen eine nicht zu hohe Steuer erheben, die den Réfugiés dann zugute käme. In seiner Weisheit sah er die Nachteile dieses Vorschlages – und verwarf ihn! Eine solche Steuer hätte nämlich die Réfugiés dem Haß der einheimischen Bevölkerung ausgesetzt; und diese hätten dann die Einwanderer nicht als vorteilhafte Neuerwerbung betrachtet, sondern als Last. Neid und Abneigung mußten im

Keim erstickt werden; denn es mochte wohl sein, daß man Mühe hatte mit diesen Fremden und daß man ihnen die Hochachtung, mit der sie der Hof empfing, nur schwer verzeihen konnte.

Also zog der Große Kurfürst Kollektensammlungen vor. Solche hatte es schon vorher gegeben, nämlich 1682 und im Januar 1686 für diejenigen, die den Widerruf des Ediktes von Nantes vorausgesehen, Frankreich verlassen und sich dann in Brandenburg niedergelassen hatten. Schon damals hatte die Französische Kirche von Berlin den Beweis ihrer Nächstenliebe erbracht, durch die sie sich ja bis heute auszeichnet und die als eine Ursache ihres heutigen Wohlstandes angesehen werden darf.

Fast ein Jahr nach dem Widerruf des Ediktes von Nantes wurden also noch einmal Kollektensammlungen beschlossen. Als Datum verfügte der Kurfürst den 1. Oktober. Aus Verbundenheit mit den unglücklichen Glaubensgenossen setzte er außerdem einen Fasten- und Gebetstag an. Als Bibeltext galt: »Gib nicht dem Raubtier preis die Seele deiner Taube, und vergiß nicht ewig das Leben deiner Elenden. Gedenke an den Bund, denn die dunklen Winkel des Landes sind Stätten der Gewalttat!« (Psalm 74,19 und 20) und: »Höre, unser Gott, auf das Gebet und Flehen deines Knechtes und laß dein Angesicht über dein verwüstetes Heiligtum leuchten um deinetwillen, Herr! Neige, mein Gott, dein Ohr und höre, öffne deine Augen und schaue unsre Verwüstung und die Stadt, die deinen Namen trägt! Denn nicht im Vertrauen auf unsre Verdienste bringen wir unser Flehn vor dich, sondern im Vertrauen auf deine große Barmherzigkeit. O Herr, höre! Herr, vergib! Herr, merke auf und greife ein ohne Zögern um deinetwillen, mein Gott! Denn deinen Namen tragen deine Stadt und dein Volk!« (Daniel 9, 17–19)

Für die Kollekte gab der Kurfürst zweitausend Ecus, die Kurfürstin fünfzehnhundert und jeder Prinz zwölfhundert. Man schätzt, daß das kurfürstliche Haus insgesamt etwa fünfzehntausend Ecus beisteuerte.

6.
Die französische Sprache

In Europa, bis hin zum Zarenhof, sprachen die Adligen und Gebil-
deten französisch. Die Réfugiés brachten ja diese Sprache als ihre
Muttersprache mit – das erleichterte ihnen das Leben im fremden
Land, machte sie aber auch weniger gewillt, sich anzupassen.

Gegen Ende des 17. Jahrhunderts, also zur Zeit des Refuge, benutzten die meisten Höfe Europas Französisch als Verhandlungsspra-
che. Vorher hatte man sich lange Zeit hindurch in Latein verständ-
igt. Auch in Frankreich war das Lateinische die Sprache des Hofes
und der öffentlichen Verlautbarungen gewesen, bis Franz I. das
Französische einführte. Es heißt, das Latein, in dem der erste Präsident des Pariser Gerichtes seine Verfügungen abgefaßt habe, sei so
barbarisch gewesen, daß der König den Wechsel zum Französischen anordnete; und dieser Wechsel war ein voller Erfolg, zumal
auch andere wichtige Personen am Hofe das Lateinische schlecht
oder gar nicht verstanden.

Seit dieser Zeit sprach man auch an anderen Höfen mehr und
mehr französisch, denn Europa war politisch so verflochten, daß
alle Länder irgendwelche Verbindungen mit diesem mächtigen
und einflußreichen Frankreich hatten. Überdies war Französisch,
sieht man vom Italienischen einmal ab, die am höchsten entwik-
kelte Kultursprache der Zeit. Das Deutsche klang noch recht barbarisch; es enthielt viel Latein, und zwar so schlechtes Latein, daß
es davon ganz entstellt war. Übrigens hatte Kaiser Rudolph schon
1252 befohlen, sich der deutschen statt der lateinischen Sprache

zu bedienen. Aber es brauchte noch viele und vor allem gute Schriftsteller, um die Landessprache zu veredeln. Frankreich hatte zur Zeit Ludwigs XIII. und Ludwigs XIV. viele solcher Schriftsteller, so daß seine Sprache einen hohen Grad der Vollkommenheit erreichte und sich allgemeiner Beliebtheit erfreute.

Einige Historiker äußerten den verwegenen Gedanken: Als Richelieu die Académie française gründete und Ludwig XIV. allen Gelehrten, auch den ausländischen, gegenüber so sehr großzügig war, da hätten sie beide ein und dasselbe Ziel vor Augen gehabt: nämlich die riesige, alle Nachbarn beherrschende Monarchie. Ob ein solcher Plan jemals existiert hat oder nicht – in jedem Fall wäre die französische Sprache ein zu schwaches Mittel gewesen, ihn zu verwirklichen. Beides ist richtig: Wenn ein Volk alle anderen unterwirft, wird sich auch seine Sprache durchsetzen. Andererseits muß ein Volk, das in Wissenschaft und Kunst an erster Stelle steht, nicht unbedingt das mächtigste Volk der Erde sein. Macht, Vorherrschaft erwirbt man sich auf andere Weise. Dessen waren sich Kardinal Richelieu und später Ludwig XIV. durchaus bewußt. Wer hat Wichtigeres geleistet, die Herrschaft der Perser zu brechen: Perikles und seine Zeit, die die griechische Sprache zu höchstem Ruhm brachten? Oder Alexander und seine Makedonier, die keineswegs die gelehrtesten unter den Griechen waren? Doch wohl letztere! Und Rom verdankt seine Vormachtstellung nicht der Schöngeisterei am augusteischen Hof, sondern der Schlagkraft seiner Legionen. Goten und Vandalen eroberten Rom nicht mit Akademien und schönen Büchern, auch nicht mit einer gepflegten Sprache!

Wenn nun Ludwig XIV. voller Selbstbewußtsein forderte, daß dort, wo es französische Gesandte gab, man einheitlich französisch zu sprechen habe, dann konnte er das nicht tun, weil diese Sprache inzwischen Allgemeingut geworden wäre, sondern weil seine militärischen Siege ihm dazu die Macht und das Recht gaben. Leute wie Condé und Turenne und andere erfolgreiche Militärs haben in dieser Hinsicht mehr geleistet als alle Akademien zusammen. Dem Einfluß Frankreichs auf politischem Gebiet konnte man sich in Europa kaum entziehen, ohne daß Reaktionen aus Versailles zu befürchten waren. So blieb den Herrschern keine andere Wahl, als nur französisch sprechende Botschafter und Beauftragte zu schicken.

Da Kurfürst Friedrich Wilhelm sein Land zu einer gewissen Größe brachte, verstärkten sich auch seine Beziehungen zu anderen Herrscherhäusern, und zu Frankreich waren sie besonders eng. Wie wir schon erwähnten, gab es in seinem Lande genügend Leute, die durchaus in der Lage waren, mit Versailles zu verhandeln. Die meisten Minister, die zu seinem Ruhme beitrugen, waren als junge Männer in Frankreich gewesen und hatten sich dort die Sprache der Gelehrsamkeit und des guten Geschmacks angeeignet. An den verschiedenen Höfen Europas verhandelten sie erfolgreich für den Kurfürsten.

Übrigens schickten die Großen des Landes ihre Kinder auch schon vor dieser Zeit nach Frankreich. Markgraf Joachim Sigismund beispielsweise, der Onkel Friedrich Wilhelms, studierte in Sedan und vervollständigte seine Bildung bei dem berühmten Herzog von Bouillon.

Die Réfugiés brachten die Kultur ihres Heimatlandes mit. Sie sprachen das gepflegte Französisch, wie es Prosa und Poesie des geistreichen Zeitalters Ludwigs XIV. gebildet und festgehalten hatten. Zunächst wurde es die Sprache der Höfe Europas und der Gebildeten. Jedoch die Herrscher Frankreichs wollten sie noch weiter verbreiten und damit den geistigen Austausch und den Handel zwischen den Nationen erleichtern und fördern. Wer französisch spricht, ist nirgendwo ganz fremd. Die Händler, die Staatsmänner – sie alle können es sich nicht leisten, nicht französisch zu sprechen. Ganz zu schweigen von den Literaten. Unverzeihlich, wenn sie das Französische nicht oder nur oberflächlich kennen, denn gerade Schriftsteller sind doch Vorbilder der guten Sitten.

Die französischen Kolonien boten reichliche Möglichkeiten, eine Sprache zu lernen, die man auch heute nicht übergehen kann und die notwendigerweise zu einer guten Erziehung gehört. Nirgendwo in Deutschland wird so durchgängig und so rein französisch gesprochen wie in Brandenburg. Wir erinnern uns: Französische Offiziere, Gefangene der Schlacht von Roßbach (1757), zeigten sich sehr davon beeindruckt, daß sie hier so viele Franzosen trafen und daß sogar die Einheimischen französisch sprechen. Die Gefangenen fühlten sich gar nicht fremd!

Auch andere Ausländer waren gelegentlich versucht, Berlin für eine französische Stadt zu halten. Der Adel und alle Gebildeten sprachen französisch so gut wie deutsch. In der Hauptstadt und in allen wichtigen Provinzstädten haben die Réfugiés Internate und Schulen eingerichtet, die allgemein sehr gelobt werden. In allen Kolonien, sogar auf dem Lande, haben die französischen Pastoren zur Verbreitung und Bewahrung der französischen Sprache beigetragen. Der Adel vertraute ihnen seine Kinder zum Unterricht an, und wir können hier Persönlichkeiten ersten Ranges nennen, die ihren französischen Lehrern und Lehrerinnen tiefen Dank schulden.

Unabhängig davon, ob die Kenntnis einer so gebräuchlichen Sprache sinnvoll sei oder nicht, kann man doch nicht leugnen, daß die Réfugiés in dieser Hinsicht dem Land große Vorteile gebracht haben. Der geistige Fortschritt hatte nach der Barbarei des Dreißigjährigen Krieges notwendigerweise schnell sein müssen; und man weiß doch zur Genüge, daß gerade die Kenntnis kultivierter Sprachen ein höchst taugliches Mittel ist, sich Ideen und zivilisierte Umgangsformen anzueignen. Viel Neues nahmen die Deutschen auf, denn sie lebten ja eng mit den Réfugiés zusammen.

Ganz sicherlich ist die deutsche Literatur dem Refuge verpflichtet. So verbanden sich mit der Gründlichkeit, mit der Tiefe des Verstandes und des Urteils, die zu allen Zeiten den deutschen Schriftsteller charakterisiert haben, die Feinheit und Leichtigkeit, die den französischen Schriftsteller auszeichnen. Die Franzosen können die deutsche Literatur durch Übersetzungen kennenlernen, die fast alle von Nachkommen der Réfugiés stammen. Die ganze Schönheit und geistige Größe dieser Literatur wird deutlich – ein neues Erlebnis für Franzosen!

7.
Die Réfugiés als Vermittler französischer Kultur und Zivilisation

Das folgende Kapitel gehört mit dem vorigen eng zusammen: Die Réfugiés sprachen nicht nur französisch, sie besaßen auch eine bessere Bildung als die Einheimischen. Alle Réfugiés, auch die ärmsten, konnten lesen und schreiben. Dagegen waren zur Zeit des Königs Friedrich Wilhelm I. noch 50 Prozent der einheimischen Bevölkerung Analphabeten; im östlichen Teil Preußens lag der Prozentsatz noch erheblich höher.

Die Angabe, daß die Franzosen nach dem Dreißigjährigen Krieg die Hälfte der Berliner Bevölkerung ausmachten, ist stark übertrieben; in der ersten Hälfte des 18. Jahrhunderts war etwa jeder vierte (vielleicht auch jeder dritte?) Berliner ein Franzose.

In Frankreich entfaltete sich die Schönheit von Kunst und Literatur zur vollen Blüte und beeinflußte auch den Umgang der Menschen miteinander. Der Franzose ist von Natur aus heiter und gesellig; er schätzt das Talent nur, wenn es für andere erfahrbar ist. Der Gelehrte, der Gebildete zieht sich nicht für immer in seine Studierstube zurück, sondern seine Erkenntnisse, die er dort erwirbt, teilt er gern mit und gibt sie an die Gesellschaft weiter. Der gelehrte, der gebildete Franzose ist fast immer ein umgänglicher Mensch, wenn er einen guten Charakter hat und wenn er sich im reiferen Alter die Hörner der Eitelkeit abgestoßen hat. Heute gibt es diesen Typus überall; aber im 17. Jahrhundert war er fast nur in Frankreich zu finden und da, wo Menschen ihre Bildung in Frankreich erhalten hatten. Es mag allerdings sein, daß man in Frankreich heutzutage ins andere Extrem gefallen ist: Der Gelehrte, der Künstler zieht sich kaum noch zurück, sondern ist ganz und gar ein Mann von Welt geworden. Ob er wohl fürchtet, schulmeisterlich zu wirken, und deshalb die Gelehrsamkeit aufgegeben hat?

Die Zeit des Refuge war für Frankreich der Höhepunkt der Kultur und Zivilisation oder auch die Mitte zwischen zwei Extremen: Die Barbarei hatte man längst hinter sich gelassen, aber den übertriebenen Luxus noch nicht erreicht, man war noch nicht degeneriert. Was stellte Frankreich dar, etwa um die Mitte der Regierungszeit Ludwigs XIV.? Wie verhielt es sich mit der Literatur, den Künsten, dem guten Geschmack, den Anstandsregeln, der Eleganz der Kleidung und den Tischsitten? Wie lebte man? Wie trieb man Konversation?

Frankreich war genau da angelangt, wo ein Land die Bezeichnung »zivilisierte Nation« zu Recht trägt – aber noch weiterzugehen wäre nicht wünschenswert gewesen. Seit Franz I. gab es eine ständig fortschreitende Entwicklung. Trotz innerer Unruhen und Religionskriegen hatte das Land mittelalterliche Unvernunft und Grobheit überwunden. Ja, man wird sogar sagen können, daß diese Spannungen den Boden für das Neue bereiteten; mehr noch: Sie drängten hin zu Wissenschaft und Kunst, so daß Richelieu, Ludwig XIV. und Colbert sie dann nur noch in die richtigen Bahnen zu lenken brauchten. Aber schon für das Ende der Regierungszeit Ludwigs XIV. läßt sich eine gewisse Degeneriertheit feststellen. »Das Bessere«, so sagt ja eine Redewendung, »ist der größte Feind des Guten.« Alles wollte man besser machen, als es war: Raffinierter und eleganter sollte alles werden – und wurde doch weniger gut. Die Lockerung der Sitten und die allgemeine Zügellosigkeit ließen bei der Mehrheit das Gefühl für das Gute und Schöne verlorengehen. Wohnung, Kleidung, Nahrung – alles prangte in maßlosem Luxus. Einige Weise, die dem Zeitgeist nicht folgten, legten Protest ein – vergeblich. Heute erkennt man die falsche Entwicklung und sucht einen Ausweg. Aber erst die verderblichen Folgen eben dieser Entwicklung werden hier Abhilfe schaffen.

Friedrich Wilhelm hatte ja einen Teil seiner Jugendjahre am Hof von Oranien verbracht; und was er dort an Kultur, Zivilisation und allgemeiner Lebensart gelernt hatte, lag weit über dem Niveau seines Heimatlandes. Es war nur natürlich, daß er auch hier solchen Fortschritt erstrebte. Nach dem Hof und dem Adel sollten sich nun die unteren Stände von ihrem grobschlächtigen Wesen befreien. Der Kurfürst erwarb einen nicht geringen Ruhm auch durch seine militärischen Leistungen und seine weise Regierung, so daß Brandenburg innerhalb Deutschlands, ja innerhalb Europas bekannt wurde. Viele gute und tüchtige Leute kamen nach Berlin, die einen aus politischen und geschäftlichen Gründen, die anderen aus bloßer Neugierde. Und die jungen Leute aus den vornehmen Familien des eigenen Landes gingen nach Frankreich, denn ein Aufenthalt dort galt allgemein als Beitrag zu einer guten Bildung. Dort – so war man sich einig – wurden ihnen schickliche Umgangsformen und eine hochstehende Bildung vermittelt. Was sie dort lernten, unterschied sie vorteilhaft von ihren Landsleuten.

Die Réfugiés kamen gerade recht, den eben beginnenden Fortschritt in Brandenburg-Preußen zu beschleunigen. Die Großen unter ihnen hatten vorbildliche Manieren und wußten viel Nützliches. Aber auch die kleinen Leute waren nicht ohne Verdienst, auch sie trugen zur Verbreitung besserer Lebensart und feinerer Sitten bei. Im ganzen muß man dem französischen Einfluß sehr hohe Bedeutung beimessen, machten doch die Franzosen damals, nach dem Dreißigjährigen Krieg, fast die Hälfte der Berliner Bevölkerung aus (!).

Schwerer als die meisten Réfugiés hatten es die Geisteswissenschaftler und Literaten in der neuen Heimat. Nicht wenige von ihnen hätte man gern als Lehrer an Universitäten und Schulen eingestellt, aber ihre Unkenntnis der deutschen Sprache bildete ein fast unüberwindliches Hindernis. Einige – darüber berichteten wir bereits – fanden am kurfürstlichen Hof eine Anstellung, beispielsweise als Prinzenerzieher; andere lehrten an französischen Akademien, die der Kurfürst schon vor dem Potsdamer Edikt zur Ausbildung. des jungen Adels gegründet hatte.

Es scheint, als sei es dem Großen Kurfürsten bestimmt gewesen, Grundlagen für all das zu schaffen, was seine Nachfolger zum Ruhme Preußens weiterentwickelten und vollendeten. Friedrich I. gründete die Fürstenakademie, die Sozietät der Wissenschaften, das ist die spätere Akademie der Wissenschaften, König Friedrich Wilhelm I. die Kadettenanstalt, der jetzige König Friedrich II. die Adelsschule. In all diesen Einrichtungen finden sich viele Réfugiés oder deren Nachkommen.

Aus den Archiven ersehen wir, daß schon vor 1687 in Berlin eine Akademie existierte, aber wir konnten wenig über sie in Erfahrung bringen. Anscheinend war sie damals in schlechtem Zustand, so daß M. Charles Ancillon mit ihrer Leitung betraut wurde. In dem Patent des Kurfürsten heißt es:

»Cher et bien aimé, da die hiesige Akademie in Unordnung geraten und so ihres ursprünglichen Charakters verlustig gegangen ist, haben wir es für gut befunden, zu ihrer Leitung einige Anordnungen und Réglements zu erlassen. Desgleichen haben wir es für nötig befunden, jemandem die Oberaufsicht anzuvertrauen. So setzen wir Euch hiermit zum Oberinspektor der genannten Akademie ein und empfehlen Euch in dieser Eigenschaft den anderen Direktoren, Erziehern und Lehrern. Wir sind überzeugt, daß Ihr Euren Fleiß und Eure Fähigkeit ganz und gar einsetzen werdet, um die von uns geschaffene Einrichtung zu fördern und zu bessern. Deshalb müßt Ihr vor allem auf begabte und gut ausgebildete Pädagogen bedacht sein, desgleichen auf gute Sprachlehrer. Sie alle sollen die Jugend geziemend und sorgfältig unterweisen und anleiten, die notwendigen Strafen nur mit Mäßigung anwenden, ohne gewisse

Grenzen zu überschreiten, wie es neuerlich geschieht. Ihr werdet Sorge tragen, daß man sich genau an die Réglements hält und ihnen in keinem Punkte zuwiderhandelt.

Cölln an der Spree, den 20. August 1687, F. W.«

Aus der großen Zahl der französischen Erzieher bei Hofe sollen hier zwei Namen besonders hervorgehoben werden: zunächst der Name Ingenheim. Ihn spricht man in Berlin noch heute mit Respekt aus. Mademoiselle d'Ingenheim wurde Gouvernante von Prinzessin Louise Sophie Dorothea, der 1680 geborenen Tochter des Erbprinzen Friedrich. Mademoiselle d'Ingenheim stammte aus Metz. Ihr Vater starb dort, bevor die Intoleranz offen wütete. Der Name Ingenheim läßt deutschen Ursprung vermuten; wahrscheinlich trat die Familie zum reformierten Bekenntnis über, schloß sich der Gemeinde in Metz an und wurde so französisch. Ähnlich mag es sich mit der Familie Péguilhem verhalten haben, die ebenfalls zu den Réfugiés gehört. 1724 waren Ämter in der französischen Gerichtsbarkeit neu zu besetzen; man nannte dem preußischen König de Péguilhem und du Trossel. Er aber vermutete, es handle sich um Deutsche, wies diese Namen zurück und verlangte, man solle ihm Personen aus der französischen Kolonie vorschlagen!

Die Witwe Ingenheim verließ Metz, um der Verfolgung zu entgehen. Mit ihrer zahlreichen, sehr angesehenen Familie kam sie nach Berlin. Ein Sohn heiratete 1703 die Tochter des Landgrafen von Hessen und wurde daraufhin von den Réfugiés »der Prinz« genannt. Noch heute erinnert man sich, daß die Schwestern sich darin gefielen, von ihren Nichten als »den Hoheiten« zu sprechen. Réfugiés waren ja Menschen, die viel verloren hatten; und solche Auszeichnungen, die der menschlichen Eitelkeit schmeicheln, mögen sie um so mehr erfreut haben. Eine Tochter der Familie war außergewöhnlich gebildet, man nannte sie »die Griechin«. Vielleicht aber war dies auch nur ein Spottname; denn unnachsichtig bekämpft der Neidische den Tüchtigen – besonders wenn es sich um das andere Geschlecht handelt, dessen Tugend die Gelehrsamkeit ja normalerweise nicht ist!

Mademoiselle d'Ingenheim erhielt als erste die ehrenvolle Vertrauensstellung, die nach ihr noch mehrere hochrangige Damen des Refuge innehatten: Sie wurde Gouvernante der Prinzessin. Als diese den Erbprinzen von Kassel, den späteren König von Schweden, heiratete, folgte sie ihr als Hofdame. Nach dem Tod der Prinzessin kam sie nach Berlin zurück. Baron von Pöllnitz erinnerte sich, sie am Hofe Friedrichs I. gesehen zu haben, und sprach stets nur mit großem Lob von ihr.

1693 erschien in Berlin ein Gedicht auf den Kurfürsten; sein Inhalt war gemein und seine Form schlecht. Es handelt von M. d'Anché und Mademoiselle d'Ingenheim, die es beide verstünden, ihre Vorteile bei Hofe zu nutzen. Das Consistoire in Berlin verurteilte dieses ungebührliche Machwerk.

Als zweiter sei hier der Name Jaucourt genannt. Die Liste der Réfugiés, die vom Kurfürsten den Titel »Hof- und Legationsrat« erhielten, ist lang. Als letzten Namen lesen wir dort: Philippe Baron de Jaucourt.

Die Familie Jaucourt stammt aus der Champagne. Solange man denken kann, hat sie dort ihre Güter gehabt. Ein Teil der Familie, zu dessen Nachkommen Philippe Baron de Jaucourt gehört, hatte schon gleich zu Beginn der Reformation die katholische Kirche verlassen und sich dem Protestantismus angeschlossen; und sie suchten Verbindung zu solchen Familien, die, wie sie, Stützen der Reformation in Frankreich waren. Ein Beispiel: Jean de Jaucourt, der Dritte dieses Namens, hatte mehrere hohe Ämter inne und heiratete 1599 die älteste Tochter von Duplessis Mornay, einem überzeugten Reformierten, dessen strenger Lebenswandel sogar seinen Gegnern Respekt abnötigte.

Die Synode von La Rochelle ernannte 1607 Jean de Jaucourt, zusammen mit M. de Mirande, zum obersten Repräsentanten der Reformierten und beauftragte ihn, die Pläne des Jesuiten Cotton, des

Beichtvaters Heinrichs IV., zu vereiteln; außerdem sollte er mit Sully, dem Vertrauten Heinrichs IV., verhandeln. Sully hatte dem König geraten, zum Katholizismus überzutreten, obwohl er, so nimmt man an, im Grunde seiner Seele selbst kein überzeugter Katholik war. Ihm ging es wie allen, die sich neutral zwischen zwei gegensätzlichen Parteien bewegen wollen: Beide Seiten mißtrauten ihm.

Die Familie Jaucourt stellt in jeder Beziehung etwas Besonderes dar; auch Philippe de Jaucourt verdient es, daß man ihn, seine Fähigkeiten und seine guten Eigenschaften erwähnt. Zu oft nämlich haben französische Schriftsteller den Verlust, den Frankreich durch den Widerruf des Ediktes von Nantes erlitt, kleiner dargestellt. Zu oft behaupteten sie frecherweise, die Réfugiés hätten durchweg weder Herkunft noch Vermögen besessen und also mit der Auswanderung nichts zu verlieren gehabt; zu gern hätte man sie als Abenteurernaturen dargestellt, ihre Persönlichkeiten verächtlich gemacht und verzeichnet, damit die Wahrheit allmählich in Vergessenheit geriete.

Philippe Baron de Jaucourt kam mit drei Töchtern nach Berlin; die mittlere wurde Gouvernante am Königshof und war dabei zunächst Madame de Rocoulles unterstellt; man vertraute ihr die drei jüngsten Prinzessinnen zur Erziehung an: die spätere Markgräfin von Schwedt, die spätere Königin von Schweden und Prinzessin Amalie. Der Vater, König Friedrich Wilhelm, war bekannt dafür, daß er die Erziehung seiner Kinder äußerst wichtig nahm; Mademoiselle de Jaucourt hatte all die Jahre über sein volles Vertrauen, die erlauchten Zöglinge empfanden ihr gegenüber eine herzliche Zuneigung, und alle Mitglieder der königlichen Familie haben bis heute ihr Andenken in Ehren gehalten – ist dies alles nicht viel mehr wert als die größte Lobrede? Aber sie erhielt noch eine größere Belohnung – das Schönste, was ein fühlendes Herz geben kann: Prinzessin Amalie wurde ihre Freundin.

Die Großen dieser Welt vergessen oder übersehen häufig genug die Menschen, die ihnen gute Dienste geleistet haben; zwar geben sie ihnen, was man Gunstbeweise oder Auszeichnungen nennt, doch geschieht dies meist mehr aus Eitelkeit statt aus wirklicher Dankbarkeit. Prinzessin Amalie aber, von solch niedrigem Denken der Großen weit entfernt, liebte Mademoiselle de Jaucourt von ganzem Herzen; sie zu sehen, war ihr ein Bedürfnis. Wie oft stahl sie sich davon, wenn Vergnügungen am Hofe stattfanden, und verbrachte mehrere Stunden am Krankenbett ihrer verehrten Gouvernante; ihre Gegenwart und ihre Zuneigung ließen diese die Last der Jahre und der Gebrechlichkeit vergessen.

Als Mademoiselle de Jaucourt 1747 starb, übernahm die Prinzessin selbst die Vorbereitungen der Beisetzung. Noch heute spricht man davon, wie sehr Ihre Königliche Hoheit erschüttert war und wie schmerzlich sie diese Trauerfeier berührte. Gern wollte sie in diesem Buch den Namen der geliebten Person wiederfinden, und mit unserem Bericht haben wir ihrem Wunsche entsprochen; denn das alles ist Teil der Geschichte der Réfugiés, die unter der Regierung des Kurfürsten Friedrich Wilhelm ins Land kamen.

8.
Ansiedlungen der Réfugiés in Städten, besonders in Berlin

Fremde, die weder Land noch Leute, weder Sprache noch Lebens-
gewohnheiten ihrer neuen Umgebung kennen, siedeln sich nor-
malerweise lieber in der Stadt als auf dem Lande an. So zog auch
die Mehrzahl der Réfugiés die Stadt vor; die größte Anziehungs-
kraft übte Berlin aus.

Nicht viele Ortschaften hat der Dreißigjährige Krieg verschont;
Magdeburg aber wurde besonders heimgesucht: 1631 hatte Tilly
diese Stadt in einen Trümmerhaufen verwandelt und ihre Einwohner hingemordet – mit einer Grausamkeit, wie sie glücklicher-
weise nicht allzuoft im Laufe der Geschichte wütet. Diese Stadt
Magdeburg war bereits am Ende des 17. Jahrhunderts wieder zu einer blühenden und bevölkerten Stadt geworden – dank der Franzosen und der Pfälzer, die sich 1689 dort niederließen. Ein ähnliches
Schicksal hatte Prenzlau: Der Dreißigjährige Krieg hatte eine Wüste aus dieser Stadt gemacht, und die Réfugiés bauten sie zu großen
Teilen wieder auf.

Berlin aber übertraf alles: Seine Wandlung kam einer Revolution
gleich. Man muß sich nur vor Augen halten, wie das alte Berlin beschrieben wurde, um den ungeheuren Fortschritt zu erkennen.
Und seine wirksamsten Instrumente waren in der Tat die Réfugiés
mit ihrem Fleiß, den es nutzbringend anzuwenden galt. Beispiele,
wie es in Berlin um die Mitte des 17. Jahrhunderts aussah, bringen
M. Küster in seinem Werk »Altes und neues Berlin« und M. Nico-
lai in seiner ausgezeichneten Darstellung.

Wie sah Berlin 1648, im Jahr des Westfälischen Friedens, aus? Von dem, was Berlin heute ausmacht, nämlich die fünf Städte und die ausgedehnten Vorstädte, existierte damals nur die alte Doppelstadt Berlin-Cölln. Auch gab es damals nur wenige Gebäude und Straßen. Die Holzhäuser waren schlecht gebaut, das Dach war mit Stroh gedeckt – Hütten mehr als Häuser. Spuren dessen, was das Haus Hohenzollern einst geschaffen hatte, gab es kaum noch; Berlin war ein verkommenes Nest. 845 Häuser hatten einst zum Ort Berlin gehört; davon waren im Jahr 1645 dreihundert Häuser unbewohnt, und niemand zahlte Steuern für sie. In Cölln waren 150 von 364 Häusern unbewohnt. Vorstädte gab es überhaupt nicht mehr, sie waren 1640 und 1641 zur besseren Verteidigung der Garnison vor den anrückenden schwedischen Truppen niedergebrannt worden.

Die Straßen boten einen abscheulichen Anblick: Alle waren sie ungepflastert, Abfall und Mist versperrten einem den Weg; irgendwo mittendrin konnte man unförmige Gebilde erkennen, die als Brunnen genutzt wurden – wie in den Dörfern. Die Brücken waren so morsch, daß eigentlich kein Wagen sie hätte befahren dürfen. Und noch etwas kam hinzu und machte die Stadt vollends schmutzig und häßlich: Die meisten Einwohner hielten Vieh, vor allem Schweine; ihre Ställe hatten sie vor den Häusern, an den Straßen. Mehrere kurfürstliche Verfügungen waren nötig, um diesen Mißstand endlich zu beseitigen.

Friedrich Wilhelm hatte einen Plan, wie seine Hauptstadt zu verschönern sei. Aber seit seinem Regierungsantritt bis zum Frieden von St. Germain war er ständig durch Kriege in Anspruch genommen. So konnte er seinen Plan nur sehr unvollkommen ausführen. 1658 ließ er die Festungsbauten verbessern und nahm dies gleich zum Anlaß, die Stadt zu vergrößern. Berlin und das alte Cölln erhielten Teile hinzu, die wir heute unter den Namen Werder und Neukölln kennen. Werder war eigentlich nichts weiter als ein Morast, genannt Gänse-Werder, weil hier die Gänse ihren Auslauf hatten. Die Neue Stadt reichte bis zum Leipziger Tor, wo sich heute das Haus des Grafen Herzberg in der Niederwallstraße befindet. An der Dorotheenstadt verlief die Grenze, und zwar an der Wache der Artillerie, in der Nähe des Zeughauses. 1685 entstand an dieser Stelle ein Tor, das allerdings 1735 wieder zerstört wurde.

Die Dorotheenstadt war ein Vorort mit einer schönen Lindenallee. Prinz Moritz von Nassau, Großmeister des Ordens vom heiligen Johannes, hatte sie anlegen lassen. In gewisser Weise geht dieser Teil von Berlin, die Dorotheenstadt, auf Kurfürstin Dorothea zurück, die zweite Gemahlin Friedrich Wilhelms; sie hatte dort 1670 eine Meierei bauen lassen.

Die Einwanderung der Réfugiés, um deren Darstellung wir uns in diesem Werk bemühen, ließ die Bevölkerung und den Wohlstand des Landes anwachsen in einem Ausmaß, wie es selten vorkommt im Laufe der Geschichte. Und nichts und niemand konnte die Pläne, die Friedrich Wilhelm zur Vergrößerung seiner Hauptstadt hegte, besser fördern als eben die Réfugiés. Die kleine Berliner Kolonie, die 1672 einen eigenen Prediger erhielt, wirkte sich auf das allgemeine Wohl so günstig aus, daß der Kurfürst dann 1685 sein Land bereitwillig für weitere Asylsuchende öffnete. Viele, viele kamen nach Berlin, zur Quelle des Segensstromes, auf den die Unglücklichen dringend angewiesen waren. So entwickelte sich die Berliner Kolonie zu einem ansehnlichen Gebilde – ansehnlich nach der Zahl und nach der Würde derer, die zu ihr gehörten.

Den Neuankömmlingen eine Bleibe zu verschaffen bereitete von Anfang an große Schwierigkeiten. Die Stadt hatte zu wenig Häuser; und bewohnbare Häuser, die den Bevölkerungszustrom hätten aufnehmen können, gab es kaum. Was der Kurfürst brauchte, um diesem Mangel abhelfen zu können, boten ihm die Franzosen mit ihrem Fleiß und ihrem Geschick. Man lebte damals viel einfacher und bescheidener. Große Wohnungen, wie wir sie heute haben, brauchte man noch nicht. In jeder Beziehung wußte man sich auf das Allernotwendigste zu beschränken; der engste Raum genügte zum Leben. Noch lange Zeit später war es den Réfugiés anzumerken, daß sie sich einmal so sehr hatten einschränken müssen. Damals lebten drei oder vier Familien in einer Wohnung, die heute von einer einzigen Familie genutzt wird.

Von Anfang an arbeiteten die Réfugiés fleißig und wurden dabei von der Regierung unterstützt. Überall entstanden Läden, Ateliers und Wohnhäuser. Berlin glich einem Bienenstock, wo jeder seinen – möglichst kleinen – Platz einnahm und sich geschäftig hin und her bewegte. Plätze, Nischen, Winkel, die mittelbar oder unmittelbar zum Hofe gehörten – alles stellte der Kurfürst in seiner Großzügigkeit den Réfugiés zur Verfügung, damit sie Stände, Buden oder kleine Läden errichten konnten. Das meiste, was heute durch französische Kolonisten hergestellt oder gehandelt wird, nahm dort seinen Anfang. Die damalige Schloßgalerie, der Ballplatz und vieles andere wurde schnell von Leben und Geschäftigkeit erfüllt. Durch ein Dekret vom 22. Februar 1689 erhielten die Réfugiés den großen, leeren Platz hinter der Promenade, der bis dahin als Trockenplatz gedient hatte. Mehr als zehn Réfugiés, deren Namen festgehalten sind, errichteten dort ihre Läden.

Noch manche andere Grundstücke erhielten die Réfugiés, auch Baumaterialien. Nicht selten kam es vor, daß der Kurfürst auch noch Vorschüsse an diejenigen zahlte, die die erforderlichen Eigenmittel nicht aufbringen konnten. M. Jean Fourmol, später Bürgermeister der Dorotheenstadt, war einer der ersten, die bauten. Ihm verdanken wir die Arkaden, eine Häuserflucht mit einheitlicher Fassade, die dem Schloßplatz ein so schönes Aussehen gibt. M. de Bodt fertigte die Entwürfe an, und 1702 wurde der Bau fertiggestellt. Wahrscheinlich baute M. Fourmol auf eigene Kosten; denn eine Eingabe an den Hof von 1711 macht deutlich, daß er mehr als sechsundzwanzigtausend Ecus für Bauten ausgegeben hat. Seine beiden Töchter, Madame de Bourdarie und Madame Nadal, haben sich des öfteren beklagt, daß die väterlichen Unternehmungen ihrem Glück doch recht hinderlich gewesen seien. Der Hof gewährte ihnen dann eine Pension als Entschädigung!

In der Gegend am Mühlendamm begann ein sehr lebhafter Handel. Anordnungen aus dem Jahre 1687 gestatteten einigen Franzosen, Geschäfte zu eröffnen, und zwar an der Stelle, wo sich früher der Fischmarkt befunden hatte. Weitere Gebäude durften die Franzosen dann im nächsten Jahr errichten. Sie bekamen aber die Auflage, Backsteine und Dachziegel zu verwenden, um die Brandgefahr zu mindern. Auch das große Gelände an der St.-Peter-Kirche stellte man den Réfugiés zur Verfügung. Dort gab es einen großen Friedhof und nur wenige Häuser. Schon nach einigen Jahren war aus dieser verlassenen Gegend eins der am dichtesten besiedelten Gebiete in weitem Umkreis geworden.

Ähnlich entwickelte sich Werder; viele Réfugiés bauten hier Häuser, besonders in der Nähe der früheren Leipziger Straße. M. Nehring, ein fähiger Architekt, wurde beauftragt, den gesamten Aufbau zu überwachen. In der Liste derer, die Bauplätze zugewiesen bekommen hatten, befanden sich unter anderen folgende Namen: David und Charles Ancillon, Isâc Thomas, Jacques de la Croix.

Mehrere Réfugiés bauten damals am Rande oder außerhalb der eigentlichen Stadt. Diese Bautätigkeit war der Beginn der Friedrichstadt, die heute einen recht ansehnlichen Teil Berlins ausmacht. Hier siedelten sich dann im Laufe der Jahre so viele Franzosen an, daß schon am Anfang des 18. Jahrhunderts eine eigene Kirche für sie gebaut werden mußte. Darüber werden wir noch an anderer Stelle berichten. Eine der großen Straßen der Friedrichstadt heißt bis heute »Französische Straße« und verdankt ihren Namen den französischen Kolonisten, die hier wohnten.

In Berlin-Cölln, Werder und in der Friedrichstadt, den mehr zentral gelegenen Teilen Berlins, lebten viele französische Künstler, Handwerker, Kaufleute. Andere zogen die Dorotheenstadt vor, beispielsweise Standespersonen, die entweder einiges von ihrem Vermögen hatten retten können oder aber alles verloren hatten und nun von der Großzügigkeit des Hofes lebten. Wer von den Franzosen der Kirche oder dem Staat im zivilen Beruf diente, wohnte ebenfalls gern in der Dorotheenstadt, es sei denn, er war aus irgendwelchen Gründen an eine bestimmte Gegend gebunden. Die meisten Réfugiés hatten ja vorher auf dem Lande gelebt oder in kleineren Provinzstädten. Sie alle fühlten sich in der Dorotheenstadt wohl. Noch lange hieß diese Gegend im Volksmund »das Nobelviertel« (quartier des nobles), und in der Tat waren hier hochrangige Personen beieinander. Wenn auch viele ihren einstigen Wohlstand verloren hatten, so besaßen sie doch einen Reichtum, den ihnen niemand nehmen konnte und der ihnen eine große Würde verlieh: Bildung, gute Umgangsformen, alle Annehmlichkeiten, die das Zusammenleben so erfreulich machen. Mehr als alle anderen pflegten die Franzosen der Dorotheenstadt die Gemeinschaft. Viele von ihnen gingen ja keiner Beschäftigung nach, konnten also frei über ihre Zeit verfügen. Fast täglich trafen sie sich in Zirkeln; dort herrschte eine freie und fröhliche Stimmung, wie sie Frankreich eigen ist; man unterhielt sich gebildet und gesittet, ohne Künstelei. Deutsche aus gutem Hause haben uns oft erzählt, wie eifrig sie einst in ihrer Jugend die Gesellschaft der dorotheenstädtischen Franzosen gesucht hatten, um sich zu bilden.

Wir haben Listen der Berliner Kolonie vor Augen, und zwar aus den Jahren 1697 und 1700. Etwas davon möchten wir unseren Lesern vermitteln; so können sie sich selbst überzeugen, wie die Réfugiés die Einwohnerzahl Berlins steigen ließen und wie sie sich auf die verschiedenen Stadtteile verteilten. Es sei noch angemerkt, daß die Personen, die beim Militär dienten, hier nicht aufgeführt sind, und ihre Zahl war nicht eben klein!

Und nun einige Einwohnerzahlen:

Es gab	im Jahre 1697	im Jahre 1700
in Berlin	614 Kolonisten	566 Kolonisten
in Cölln	1544	1604
auf dem Werder	698	571
in der Dorotheenstadt	1615	1955
in der Friedrichstadt	350	1173
	4821	5869

Innerhalb von drei Jahren wuchs also die französische Kolonie insgesamt um eintausendachtundvierzig Personen. Man kann sich gut vorstellen, daß viel, viel gebaut werden mußte von 1685 bis zum Ende des 17. Jahrhunderts, damit alle Neuankömmlinge Unterkunft fanden. Besonders die Friedrichstadt vergrößerte sich beträchtlich; stieg doch die Zahl ihrer französischen Einwohner innerhalb von drei Jahren um achthundertdreiundzwanzig!

Die Dorotheenstadt war in den ersten Jahren nach dem Erscheinen des Potsdamer Ediktes fast ausschließlich von Réfugiés bewohnt; heute dagegen leben dort wahrscheinlich weniger französische Kolonisten als in allen anderen Stadtteilen. Will man diese Entwicklung richtig einschätzen, darf man nicht vergessen, daß viele Franzosen, die damals dorthin zogen, schon älter waren; andere hatten keine Nachkommen. Wer aber Kinder hatte, schickte sie zum Militär; diese schlossen sich dann ihren Truppenteilen an. So wird man sagen können, daß die Franzosen im 18. Jahrhundert zwar nicht mehr so zum Wachstum der Dorotheenstadt beitrugen, wohl aber zum Wachstum der ganzen Stadt und des ganzen Landes.

Die Einwanderer – viel mehr als ihre Nachkommen – hatten das Bedürfnis, nahe beieinander zu leben. Da sie ja die Landessprache nicht beherrschten, waren Kontakte zu den Einheimischen ohnehin schwer zu knüpfen. Aber selbst mit ihresgleichen hatten die Einheimischen wenig Verbindung. Einen Sinn für die Gemeinschaft, wie er heute selbstverständlich ist, kannte man damals in diesem Lande noch nicht. Heute wohnen die französischen Kolonisten über die ganze Stadt verstreut. Früher war die Kirche für sie der Ort, wo man sich traf. Mit Fleiß und Treue besuchten die Réfugiés ihre Kirche, zu der sie gehörten; diese Bindung war ihnen sehr wichtig. Inzwischen hat sich das geändert: Man kommt nicht mehr so häufig zu unseren Gottesdiensten, man geht wohl auch zu einer deutschen Kirche, wenn die französische zu weit entfernt ist; dem standen ja früher mangelnde Sprachkenntnisse entgegen.

Noch einmal zurück zur Entwicklung der Stadt: Die von den Réfugiés errichteten Gebäude verschönerten sie ganz erheblich. Aber darüber hinaus verschaffte diese rege Bautätigkeit vielen Franzosen Lohn und Brot. Außer den bereits erwähnten Architekten fanden auch viele Handwerker Arbeit: Zimmerleute, Maurer, Glaser, Schlosser, Drechsler, Schreiner usw. Sie alle konnten ihre Fähigkeiten unter Beweis stellen; sie fielen dem Staat und ihren Mitmenschen nicht zur Last, sondern im Gegenteil: Sie machten sich höchst nützlich. Der Große Kurfürst und seine Nachfolger achteten sorgfältig darauf, daß nur Réfugiés an den Häusern arbeiteten, die für die französischen Kolonisten gebaut wurden.

9.
Ansiedlungen von Réfugiés auf dem Lande

Nicht Berlin war die erste französische Kolonie, sondern die Landkolonie Alt-Landsberg. Der Gesandte des Kurfürsten in Paris, Graf Schwerin, hatte schon lange vor dem Potsdamer Edikt protestantische Franzosen ins Land geholt und sie auf den Besitzungen seines Vaters angesiedelt. 1670 gab es hier eine reformierte Gemeinde, die 90 Abendmahlsteilnehmer zählte, unter ihnen einige französische Familien. Da sie aber die für ihr Handwerk nötigen Materialien nicht erhielten (Leder, Stoffe usw.) und die einheimischen Nachbarn ihnen keine Nahrungsmittel verkauften, siedelten sie 1672 nach Berlin über und bildeten dort einen wichtigen Teil der ersten französischen Gemeinde in Berlin.

Nach 1685 siedelten sich verhältnismäßig viele Réfugiés auf dem Lande an. Zwar mußten auch sie mit Schwierigkeiten kämpfen, aber sie hatten durch das Potsdamer Edikt bessere Bedingungen. Ihre Kolonien bestanden länger als die von Alt-Landsberg. Um das Jahr 1700 lebten etwa 42 Prozent aller Réfugiés auf dem Lande. Bevor Erman und Reclam ihre Arbeit begannen, um das Jahr 1780 also, waren es noch 24 Prozent. Viele Mitglieder der französischen Landkolonien, besonders die sozial schwächeren, assimilierten sich, andere zogen in die größeren Städte. Erman und Reclam konnten oder wollten dieser krassen Entwicklung in ihrem Werk noch nicht voll Rechnung tragen.

Was ist der Handel, das Handwerk, was sind die genialsten Erfindungen gegenüber der Kunst, den Acker zu bebauen! Denn der

Acker ernährt uns; er ernährt die Tiere; er liefert uns die Grund-
stoffe, aus denen Kleidung hergestellt wird. Ihn brauchen wir, um
zu leben. Die Regierungen mögen sich der Landwirtschaft annehmen und all dessen, was unmittelbar oder auch nur mittelbar mit
ihr zusammenhängt. Ihr Städter, vergeßt nicht: Eure alltäglichen
Güter, auch euer Luxus, alles kommt vom Lande, das ihr so manches Mal gedankenlos durchstreift. Ihr Handwerker, Fabrikarbeiter, Händler, vergeßt nicht: Was ihr herstellt und verkauft, habt ihr
von der Hand des Bauern empfangen. Schreibt es nicht allein euch
als Verdienst zu, wenn es dem Volk besser geht, wenn das Land
aufblüht.

Der Kurfürst war so weise und weitblickend, daß er die Landwirtschaft nicht vernachlässigte und die französischen Bauern, die
bei ihm Schutz suchten, ebenso unterstützte wie die anderen Réfugiés. Ja, er mußte die Bauern noch großzügiger und freundlicher
empfangen, weil ja sein Land über weite Strecken hin unbewohnt
und unbebaut war.

Als 1648 der Westfälische Frieden dem Land die Ruhe zurückgab, versuchte der Große Kurfürst durch allerlei Unternehmungen, das Land wieder besiedeln und bebauen zu lassen. Die Fremden, die kamen, die Franzosen, die Pfälzer und wer auch immer –
sie alle kamen recht, seine guten Pläne auszuführen. Und was wir
nun berichten, wird auch für den aufgeklärten Städter ein nicht
uninteressantes Kapitel unserer Einwanderungsgeschichte sein.

Überall in Brandenburg gab es verwüstetes und brachliegendes
Land. So konnten die Réfugiés wählen, wo sie sich niederlassen
wollten. Sie wählten, das ist verständlich, die Gegenden, von denen sie sich den besten Ertrag versprachen. Die Uckermark hat im
allgemeinen besseren Boden als die anderen Gebiete; so entstanden hier viele französische Kolonien mit blühendem Leben, zum
Beispiel Löcknitz, Gramzow und Chorin. Die Archive von 1685 erwähnen Battin und einige andere Orte; auch Bergholz, heute die
größte und blühendste Landkolonie, wurde in dieser Zeit gegrün-

det. Von Chorin aus bauten die Réfugiés die Dörfer Groß- und Klein-Ziethen wieder auf, die völlig zerstört waren, und bebauten die dazugehörigen Äcker. In der Stadt Angermünde wurden Manufakturen eingerichtet, und Handwerker siedelten sich an. Die größeren Kolonien hatten einen eigenen Geistlichen.

Die Grafschaft Ruppin war im Dreißigjährigen Krieg grausam verwüstet worden, sie hatte kaum noch Einwohner. Um so glücklicher war man am Hofe, als Réfugiés sich dort ansiedelten. Ein besonderer Umstand half dabei. M. de Béville, ein reformierter Franzose, war schon mehrere Jahre vor dem Widerruf des Ediktes von Nantes in diese Gegend gekommen und hatte den Herrensitz von Rheinsberg erworben. Für sich und sein Haus hielt er einen französischen Geistlichen. Das mußte für die Réfugiés ein Grund sein, sich in seiner Nähe niederzulassen, denn die benachbarten Ortschaften füllten sich mit Kolonisten. Als die späteren Herren von Rheinsberg ihren Besitz verkauften, übernahm der Hof die Kosten für den Geistlichen.

In der Nähe von Berlin entstand die Kolonie Buchholz, die heute noch existiert. Schon 1687 hatte sie einen eigenen Geistlichen. Zu dieser Gemeinde gehörten auch Pankow, Malchow und Blankenburg – Ortschaften, in denen jeweils einige französische Familien wohnten. Die Kolonie Buchholz setzte sich aus ganz verschiedenen Personen zusammen. Nicht alle lebten von ihrer Hände Arbeit; auch Adlige ließen sich nieder, weil sie hier sparsamer leben konnten; andere kamen, um Häuser, Äcker oder Gärten zu erwerben. Die Berliner hatten inzwischen Geschmack am Landleben gefunden; und so verbrachten viele Städter, deren Beruf es erlaubte, die schöne Jahreszeit in Buchholz oder Pankow und bildeten sonntags eine stattliche Zuhörerschaft für den Geistlichen.

In manchen anderen Orten siedelten sich ebenfalls französische Familien an. Einige Kolonien, beispielsweise Landsberg an der Warthe, verloren schon nach wenigen Jahren ihren besonderen Charakter und gingen in der deutschen Bevölkerung auf; viele

Gründe haben zu dieser Entwicklung geführt. Zwar zog es Neuankömmlinge meistens in französische Kolonien. Konnten sie doch im Kreis ihrer Landsleute am ehesten Rat und Hilfe erwarten und sich heimisch fühlen. Es gab aber auch Franzosen, die sich keiner Kolonie anschlossen und Deutsche wurden – ihre Zahl mag nicht unbeträchtlich gewesen sein. Diese Franzosen stärkten zwar nicht die Kolonien, trugen aber doch viel zum Wachstum und Wohlstand des Landes bei. In den meisten Städten kann man Menschen mit französischer Abstammung entdecken, die zu keiner Kolonie gehören. So ist es erklärlich, daß die französischen Kolonien im Laufe der Zeit nicht größer wurden, manche sogar kleiner, obwohl doch weitere Réfugiés einwanderten.

Friedrich Wilhelm setzte Kommissare ein; diese nahmen Réfugiés zu Hilfe und hatten nun die Aufgabe, den französischen Bauern Land zuzuteilen, das geeignet und gut schien. Zwei Erlasse, und zwar von 1686 und 1687, setzten die besonderen Vorrechte fest. Sie gingen noch über das Potsdamer Edikt hinaus. Das Edikt hatte jedem Réfugié steuerfreie Jahre gewährt. Aber die beiden Erlasse befreiten die französischen Bauern und ihre Nachkommen auf Dauer vom Frondienst und forderten als Gegenleistung eine jährliche Abgabe, die für Bauern zwischen acht und zwölf Talern und für Kossäten (Halbbauern) zwischen vier und sechs Talern lag. Heute allerdings ist sie höher, da die Getreidepreise gestiegen sind. Die Nachfolger des Kurfürsten bestätigten die Erlasse ausdrücklich; sein Sohn Friedrich fügte noch hinzu: »...wollen und ordnen überdem auch gnädigst, daß sothane französische und pfälzische Ackerleute und Cossäthen für sich und ihre Nachkommen von aller Leibeigenschaft, wie sie auch Nahmen haben möchte, zu ewigen Zeiten befreyet seyn sollen.«

Die Großzügigkeit des Hofes sollte die Fremden ermutigen, sich auf dem Lande niederzulassen. Eine solche Ermutigung war gut und richtig, denn Schwierigkeiten gab es übergenug: Das Klima und der Boden waren ungewohnt, das Land lag brach. Aber schon bald ging es den französischen Bauern besser, viel besser. Man könnte fast sagen, daß sie von allen Réfugiés am wenigsten Grund hatten, den Verlust ihrer Heimat zu beklagen.

Die Kommissare, die sich im Auftrag des Kurfürsten um die französischen Kolonien auf dem Lande kümmerten, wiesen den Réfugiés außer Land auch Baumaterialien für Häuser und Scheunen zu. Die finanzielle Unterstützung richtete sich nach besonderen Umständen. Normalerweise erhielt jeder Kolonist fünfzig Taler für die Anschaffung von Arbeitsgeräten, zwei Pferden und einer Kuh. Außerdem bekam die Kolonie Land als gemeinsamen Besitz zugeteilt; dieses durfte nicht an Außenstehende veräußert werden.

Aber der Kurfürst sorgte nicht nur für das leibliche Wohl der Réfugiés; er gab ihnen Pastoren, die vom Hof bezahlt und der geistlichen Kolonie-Aufsicht unterstellt wurden. Die Landgemeinden hatten die gleiche Kirchenordnung wie die Stadtgemeinden und wurden von Consistorien geleitet. Diese bestanden aus dem Geistlichen und einigen anciens und anciens-diacres, die unter den Familienhäuptern ausgewählt worden waren. Gab es in einem Dorf nur wenige französische Familien, wurden auch sie zu einer Gemeinde zusammengefaßt und einem größeren Dorf angeschlossen, in dem ein Pastor wohnte. Oft bekamen die Gemeinden Land übereignet, das die Kolonisten bearbeiteten. Die Erträge wurden für den Erhalt der Kirchgebäude, der Pfarrhäuser und Schulen verwendet. Übrigens hatten alle Dörfer, auch die ohne Pastor, einen Schulmeister.

Natürlich existierten die Kolonien nicht unabhängig von den Vogteien, in deren Bereich sie lagen, und der jeweiligen zivilen Verwaltung. Da war es oft schwierig, die Bestimmungen des Potsdamer Ediktes durchzusetzen, beispielsweise die eigene Gerichtsbarkeit. Gerade dieses Recht war wertvoll und teuer für die Réfugiés, die auf dem Lande lebten. Sie waren nämlich, mehr als die anderen, dem Fremdenhaß ausgesetzt; sie traf der Neid der Einheimi-

93

schen besonders, weil der Landesherr sie mit Wohltaten überhäufte. Sie fürchteten mit gutem Grund, daß sie nicht immer ge-
recht und unparteilich und vorurteilslos behandelt würden. Nahmen die deutschen Nachbarn sie doch kaum als Mitbürger ernst.
Zwar gab es viele Deutsche, die einsichtig waren und die Politik
des Hofes unterstützten. Aber betrachtet man das Volk als ganzes,
so hätten es doch viel mehr sein müssen! Besonders auf dem Lande
fehlte es an Einsicht; hier spielte der konfessionelle Unterschied
eine große Rolle – aber darauf werden wir später noch einmal zu
sprechen kommen.

Hier noch ein Nachtrag: In der Regel wurden die Geistlichen
nicht von den Gutsbesitzern bezahlt. Eine Ausnahme, Rheinsberg,
haben wir schon erwähnt. Wir möchten eine weitere Ausnahme
nennen, nämlich Tornow. Diese Kolonie entstand unter so besonderen Umständen, daß die Geschichte ihrer Gründung festgehalten werden sollte. M. Théremin aus Groß-Ziethen hat sie uns erzählt; er war der Doyen und konnte sich noch an die erste Zeit des
Refuge erinnern.

M. de Boerstel, der Herr von Hohenfinow und Tornow, ließ sich
eines Tages in ein Spiel mit Königin Charlotte ein. Immer weiter
ließ er sich hinreißen, bis er alles verloren hatte, nicht nur sein
Geld, auch seine Pferde, seine Kutsche und seine beiden Ländereien. In diesem Augenblick meldete sich ein Offizier bei der Königin: arme französische Réfugiés, fünfzehn bis zwanzig Bauernfa-
milien, seien soeben eingetroffen. Die Königin wollte sich nicht
am Unglück ihres Spielpartners bereichern und sagte: »Alles, was
Ihr verloren habt, will ich Euch zurückgeben, wenn Ihr Euch dieser
armen Leute annehmt. Gebt ihnen Unterkunft und laßt ihnen alle
Vorrechte zuteil werden, die die anderen Réfugiés auch genießen;
unterhaltet auf Eure Kosten einen Pastor und einen Schulmeister.«

M. de Boerstel zögerte nicht, diese Bedingungen anzunehmen,
und erfüllte sie gewissenhaft. Die französische Gemeinde von Tor-

now bestand mehrere Jahre; der Vater des gelehrten Barbeyrac war dort Geistlicher. Die Herren von Tornow und Hohenfinow führten ein offenes und gastfreundliches Haus: Mehrere reformierte Offiziere, die von ihren Pensionen lebten, ließen sich in ihrer Nähe nieder, und viele Berliner verbrachten dort den Sommer. Der letzte Pastor war M. Areilhon: 1744 berief man ihn nach Frankfurt/Oder. Die Gemeinde wurde der am nächsten liegenden reformierten Kirche angeschlossen.

10.
Allerlei Berufe, Fähigkeiten und Fertigkeiten

Das folgende Kapitel beschreibt nur einige wenige berufliche Tätigkeiten, die die Réfugiés nach Brandenburg-Preußen mitbrachten; Erman und Reclam berichten noch von weiteren; und der von den Verfassern noch an anderer Stelle erwähnte J. C. Bekmann nennt in seinem Buch von 1751 noch viele andere, bekannte und weniger bekannte, beispielsweise Handschuhmacher, Strumpfwirker, Messer- und Scherenschmiede, Gold- und Silberschmiede, Uhrmacher, Färber, Perückenmacher, Steinschneider, Tapetenmacher, Färber, Wachsbleicher...

Erman und Reclam und die anderen Kolonisten sind stolz auf ihre Vorfahren – das kommt besonders in diesem Kapitel zum Ausdruck!

Nicht die Zahl der Einwohner, sondern ihr Fleiß und ihre Tüchtigkeit bringen das Land weiter. Die etwa 20 000 Réfugiés, die sich über das gesamte Territorium des Großen Kurfürsten verteilten, wären der Erinnerung nicht wert, wenn sie nicht sehr Wichtiges geleistet hätten für die Entwicklung oder Weiterentwicklung der Landwirtschaft, der Künste, der Manufakturen und dergleichen. Was sie zur Zahl der Einwohner beitrugen, war nicht wichtig; wesentlich aber war: Sie arbeiteten, damit die Einwohner wieder menschenwürdig leben konnten.

Apotheker

Soweit man zurückdenken kann, bildeten die Apotheker in Frankreich einen eigenen Berufsstand. Die Statuten der medizinischen Fakultäten erwähnen ihn bereits 1271: Es sei den Apothekern verboten, medizinische Behandlungen vorzunehmen. 1484 und 1496 wurden ihre Angelegenheiten gesetzlich geregelt; und der Fortschritt, den man seither auf diesem Gebiet beobachten kann, ist ebenso groß wie der vergleichbarer Wissenschaften.

In Deutschland lernte man diese Kunst erst sehr viel später kennen, nämlich durch einige Ärzte, die in Italien studiert hatten. Dann kamen auch die ersten Apotheker aus dem Süden, angelockt durch eine Reihe von Privilegien. Bis dahin wurde einfache Medizin von Lebensmittelhändlern und Drogisten hergestellt und verkauft. Ein Detail möchten wir nicht versäumen zu berichten: Die ersten Apotheker waren gleichzeitig Konfitürenhersteller; welch glückliche Verbindung des Angenehmen mit dem Nützlichen! Sie trug wesentlich zur Beliebtheit dieses Berufsstandes bei.

1493 erhielt Meister Simon Puster die Erlaubnis der Stadt Halle, dort die erste Apotheke einzurichten. Die Stadt gewährte ihm bestimmte Zollfreiheiten unter der Bedingung, daß er dem Rathaus jedes Jahr in der Fastenzeit acht Pfund Konfitüre lieferte, die die Hauptmahlzeit ersetzen sollte. Die erste Apotheke von Berlin bekam ebenfalls das Monopol für Konfitüre, Marzipan usw. zugesprochen, und bis 1620 hatte sich daran nichts geändert. Daß die Apotheker den Ärzten noch heute süße und schmackhafte Geschenke zum neuen Jahr machen, hat zweifellos hier seinen Ursprung.

1598 ließ Kurfürst Joachim Friedrich eine Hofapotheke einrichten, und seine Gemahlin spendete dafür beträchtliche Summen. Sein Urenkel Friedrich Wilhelm schuf nicht nur zahlreiche nützliche Einrichtungen, er unterstützte auch die bestehenden und entwickelte sie weiter; so stellte er für die Apotheke einen Fonds zur Verfügung. Später aber wurde sie vernachlässigt, so daß König Friedrich Wilhelm den Auftrag erteilte, sie erneut herzurichten.

Seitdem in Deutschland die Wissenschaften aufblühten, gab es immer wieder Fürsten, die sich mit der Apothekerkunst beschäftigten. Friedrich der Weise, Kurfürst von Sachsen, leistete Hervorragendes auf diesem Gebiet; sein Schloß soll mehr einer Apotheke als einem Herrscherhaus geähnelt haben. Schon im Altertum war dies eine durchaus fürstliche Tätigkeit und verdiente sehr wohl die Aufmerksamkeit späterer Herrscher; diese aber widmeten sich vor allem der Jagd und zeigten wenig Interesse für andere Dinge. Dabei hatte Friedrich der Weise durchaus große Vorbilder: Die griechischen Sagengestalten Chiron, Achill und auch Alexander der Große verstanden sich auf Heilkräuter. Auch die Ritter des Johanniter-Ordens, besonders die deutschen, waren Ärzte, Chirurgen und Apotheker. Heute ist uns nur noch der militärische Charakter dieses Ordens bekannt, damals errichteten sie die ersten Hospitäler.

Wer von den Réfugiés nachweisen konnte, daß er Apotheker war, erhielt vom Kurfürsten Friedrich Wilhelm die Erlaubnis, seinen Beruf auszuüben, und zwar sofort und ohne Einschränkung. Die meisten Apotheker blieben in Berlin; hier konnten sie sich dank der Großzügigkeit des Kurfürsten niederlassen, hier versorgten sie auch die Armen mit Medikamenten.

Die ersten französischen Apotheker übten ihren Beruf so aus, wie sie es in ihrer Heimat getan hatten: Sie bereiteten nicht nur die Heilmittel zu, wie diese verschrieben wurden, sondern sie verabreichten sie selbst den Kranken und konnten den Ärzten dann über die Wirkung berichten. So gab es nicht wenige unter ihnen, die tief in die Geheimnisse der Heilkunst eindrangen, und ihre praktische Erfahrung galt oft mehr als die beste Theorie. Das Vertrauen, das man ihnen entgegenbrachte, stellte sie mit den Ärzten auf eine Stufe. So wandte man sich beispielsweise bei Kinderkrankheiten und leichteren Erkrankungen gewöhnlich an die Apotheker; die schwereren Fälle behielt man den Ärzten vor.

Mit uns werden sich zweifellos noch viele Leser an M. Drague erinnern und daran, welche Hochachtung er in der Kolonie genoß: Er war auf seinem Gebiet ein wirkliches Genie; gründliches Wissen vereinigte er mit langjähriger Erfahrung. Wir waren selbst noch Zeugen einiger seiner großartigen Heilerfolge, bevor er 1786 starb. Mit Leichtigkeit hätte er ein großes Vermögen ansammeln können. Aber sein Charakter war von solcher Einfachheit und Bescheidenheit, wie sie nur großen Genies eigen sind. Diese Uneigennützigkeit mag dem gemeinen Mann unverständlich erscheinen.

Ein Erlaß von 1723 setzte die Zahl der französischen Wundärzte für Berlin auf sechs fest, die der Apotheker auf drei. Aber diese letzte Zahl wurde ein Jahr später auf vier erhöht, nachdem Vertreter der Berliner Kolonie sich dafür eingesetzt hatten.

Hebammen

In Frankreich bildeten die Hebammen schon lange einen angesehenen Berufsstand und wurden offiziell den Wundärzten zugeordnet. Wie weise handelt eine Regierung, wenn sie diesen Beruf, der für den Fortbestand des Menschengeschlechtes so wichtig ist, vor Unwissenheit und Ungeschicklichkeit bewahrt. Was bisher diesbezüglich in einigen Ländern erreicht wurde, sollte unbedingt weitergeführt werden. Allein in Paris gab es damals zweihundert Hebammen; unter ihnen waren, wie überall in Frankreich, viele reformierte. Selbst bei den Katholiken, so berichtet Benoit, der Historiker des Ediktes von Nantes, standen sie in hohem Ansehen.

1669 wurde bestätigt, daß die Reformierten alle Künste und alle Berufe ausüben durften; aber wer wüßte nicht um das Wesen der Intoleranz, wie sie Vertrauen verletzt und feierliche Versprechen bricht? So erschien 1680 eine weitere Anordnung: Unter Androhung einer Strafe von dreitausend Livres durfte keine Person reformierten Glaubens, gleichgültig ob Mann oder Frau, bei einer Geburt Hilfe leisten.

Eine Chronik berichtet: Bei dieser Anordnung mag wohl die reformierte Überzeugung eine Rolle gespielt haben, daß die Taufe nicht heilsnotwendig sei. Die reformierten Hebammen waren von ihrer Kirche nicht ermächtigt, Nottaufen zu vollziehen; und so geschah es nicht selten, daß Kinder ungetauft starben, weil kein Geistlicher da war und die reformierten Kirchen zu weit entfernt lagen. Außerdem warf man den reformierten Hebammen vor: Wenn sie annehmen mußten, eine katholische Wöchnerin sei in Lebensgefahr, dann klärten sie die Frau nicht über ihren Zustand auf, so daß kein Priester gerufen wurde, der ihr das Sakrament der letzten Ölung geben könnte. Dem König trug man zu, die Reformierten glaubten nicht an die Sakramente.

Diese Behauptung zeigt deutlich, wie verzerrt man dem Herrscher die reformierte Lehre darstellte. Es war sehr boshaft zu behaupten, die Reformierten glaubten nicht an die Sakramente, nur weil sie das unsinnige Dogma von der ewigen Verdammnis ungetaufter Kinder ablehnten. Schon dieses Dogma beweist hinlänglich, daß die katholische Theologie nicht nur dem gesunden Menschenverstand, sondern auch der frohen Botschaft des Evangeliums widerspricht.

Was soll man von einem Herrscher halten, der Millionen seiner Untertanen verfolgt – aus Gründen, die ihm selber gar nicht klar sind? Wenn er sich doch die Mühe machte, die Meinung dieser Untertanen wenigstens zur Kenntnis zu nehmen! Er ist ihr Landesvater, aber er betrachtet sie durch die Brille, die Lug und Trug ihm aufgesetzt haben.

Eine neue Lüge erfand man, um den Reformierten, besonders den Hebammen, zu schaden. Man behauptete, sie verheimlichten die Herkunft von Bastarden und sie verhinderten eine katholische

100

Erziehung, selbst dann, wenn die Eltern katholisch seien. Überdies sei ja nach reformierter Überzeugung die Taufe nicht notwendig zum Heil, deshalb handelten reformierte Hebammen anders als katholische: Konnte entweder nur die Mutter oder nur das Kind gerettet werden, so entschieden sich die Reformierten für die Mutter. Die Katholiken aber ließen die Mutter aus lauter Frömmigkeit sterben, damit auch ein totgeborenes Kind noch das Heil durch die Taufe empfangen könne.

Die Anordnung von 1680, die wir vorhin erwähnten, war so raffiniert und hinterhältig, daß sie die Reformierten wirklich traf. Diese wußten sich nicht zu helfen, als nur bitter zu klagen. Sie klagten zu Recht, aber ohne die geringste Wirkung – im Gegenteil: Man wollte ihnen schaden, man wollte sie vernichten, und ihre Klagen bewiesen, daß man sein Ziel erreicht hatte. Die Reformierten erklärten unzweideutig: Lieber würden sie sterben, als mitansehen zu müssen, wie ihre Kinder die katholische Nottaufe empfingen. Dabei hätten sie ja vielleicht die Nottaufe hinnehmen können als eine nur äußerliche Zeremonie. Da diese aber von den Katholiken als vollgültige Taufe anerkannt wurde, befürchteten die Reformierten zu Recht, man werde ihren Pastoren die Taufe der einmal notgetauften Kinder verbieten und diese Kinder dann als katholisch vereinnahmen.

Von diesen Maßnahmen gegen die Reformierten zeigten sich auch Katholiken betroffen, auch sie beklagten sich. Grausam sei es, so sagten sie, den Frauen ihre Vertrauensperson zu entreißen und sie damit in Lebensgefahr zu bringen; schließlich wisse man doch, wie wichtig Vertrauen in einer solchen Situation sei. Es ist bekannt, daß sich Katholiken, besonders im südlichen Frankreich, für die reformierten Hebammen einsetzten; sie waren überzeugt, daß diese geschickter und zuverlässiger seien als die anderen.

Damals hatte man sich in Frankreich allgemein an die Hilfeleistungen von Hebammen gewöhnt; und von zehn Personen, die diesen Beruf ausübten, waren wenigstens sechs reformiert. Man kann sich also die Wirkung vorstellen, die die Maßnahme des Hofes hatte: Frauen starben unter den Händen der katholischen Geburtshelfer – nicht nur, weil diese zu wenig Erfahrung hatten, sondern auch, weil ihr Dienst den Frauen aufgezwungen und widerlich war. Ihr bloßer Anblick versetzte die Frauen in Schrecken; galten diese Geburtshelfer doch als Werkzeuge der Intoleranz. Die bitteren Klagen, die allenthalben laut wurden, erreichten den Hof. Dort wollte man schon die Anordnung zurücknehmen; aber die katholische Geistlichkeit machte ihren Einfluß geltend – so blieb die Anordnung in Kraft. Nur den adligen Frauen gestand man zu, Hebammen nach ihrer Wahl nehmen zu dürfen. War diese Ausnahme nicht dazu angetan, das Volk die Härte des Gesetzes nur um so stärker spüren zu lassen?

Was wir eben beschrieben haben, machte es den reformierten Hebammen fast ganz unmöglich, in Frankreich Geburtshilfe zu leisten. Doch schon vor dieser einschneidenden Anordnung mußten sie immer wieder erleben, wie man sie behinderte. Seit 1640 nahm man sie nicht mehr in den Verband der vereidigten Hebammen auf, und man lud sie nicht mehr zu gemeinsamen Beratungen ein. Diese und andere Beschränkungen führten schließlich dazu, daß sie ihren Beruf fast nur noch heimlich ausübten – und wehe ihnen, wenn eine Wöchnerin starb!

Die reformierten Hebammen, die damals Frankreich verließen, waren in Berlin sehr gefragt – nicht nur, weil man hier eine Schwäche für alles Fremdländische hatte, sondern weil die Geburtshilfe in Frankreich sehr weit fortgeschritten war, wie andere medizinische Fächer ja auch. Nicht wenige dieser Hebammen besaßen beides: praktische Fähigkeiten und gründliches theoretisches Wissen. Die Abhandlung von Madame Bourgeois, Hebamme der Königin Maria von Medici, galt damals als eines der besten Bücher über Geburtshilfe.

In Brandenburg-Preußen boten sich den französischen Hebammen ausgezeichnete Verdienstmöglichkeiten. Nicht nur Französinnen, auch deutsche Frauen nahmen ihre Dienste gern in Anspruch. M. Charles Ancillon berichtet von einer dieser Hebammen, die nicht nur am Hof von Berlin Geburtshilfe leistete, sondern auch im Ausland ständig gefragt war. Bis heute haben die französischen Hebammen in unserem Lande nichts von ihrem guten Ruf eingebüßt. Die preußische Regierung in ihrer Weisheit hat inzwischen Vorlesungen und Übungen über Geburtshilfe eingerichtet, an denen jede zukünftige Hebamme teilnehmen muß. Überhaupt hat dieses Fach hier eine großartige Perfektion erlangt, so daß Berlin – wenigstens in dieser Hinsicht – nicht neidvoll auf Paris zu blicken braucht!

Gärtner

Wie in jedem zivilisierten Land, so war auch in Brandenburg der Anbau von Getreide gut entwickelt und kaum verbesserungsfähig. Auf diesem Gebiet sind also keine besonderen Leistungen der Réfugiés hervorzuheben – außer daß sie brachliegendes Land bebauten. Sie erwiesen aber dem Lande einen großen, gar nicht in Gold aufzuwiegenden Dienst, indem sie den Gartenbau entweder erst bekannt machten oder die schon vorhandenen Ansätze zu höchster Vollkommenheit entwickelten. Eine Unzahl von Obst- und Gemüsesorten führten sie ein. Zunächst zweifelten die Einheimischen, daß diese hier gedeihen könnten, oder sie argwöhnten, ob denn all das Neue überhaupt eßbar sei.

Neben der Milch waren Pflanzen die ersten und wichtigsten Nahrungsmittel der Menschen. Groß ist die Weisheit und Güte des Schöpfers, denn wo immer sich Menschen mit Fleiß dem Anbau und der Pflege von Pflanzen widmen, werden sie neue Möglichkeiten erschließen. Aber das Wissen und die Fähigkeit, wie man der Natur ihre Reichtümer entlockt, entwickelte sich erst allmählich. Asien, die Wiege der Menschheit, brachte die ersten zivilisierten Gesellschaften hervor; ihnen verdankt Europa viele, viele Früchte. Die Religion mit ihrer großartigen Überlieferung läßt uns etwas davon ahnen, in welchem Reichtum die frühe Menschheit geschwelgt hatte.

Zwei wichtige Voraussetzungen für den Gartenbau besaß und besitzt Frankreich: guten Boden und fleißige Menschen. Und schon lange weiß man dort den Boden gut und richtig zu bearbeiten. Uns ist eine Polizeiverordnung aus dem Jahre 1376 überliefert, die den Obstanbau und die Obsthändler betrifft. Natürlich wurde der Anbau von Obst und Gemüse unter der Regierung Ludwigs XIV. besonders gefördert; wo sonst ließe sich das Angenehme mit dem Nützlichen so eindeutig verbinden?

Die Entwicklung des Gartenbaus und der Pflanzenkunde gingen Hand in Hand. Der erste Leibarzt Ludwigs XIV., Fagon, erwarb sich auf diesem Gebiet große Verdienste. Er sammelte Pflanzen aus verwilderten Gärten, die einst unter Heinrich IV. und Ludwig XIII. angelegt worden waren; Pflanzen aus dem Orient ergänzten seine Sammlung. Sein Zeitgenosse Le Quintinie schuf eine ganz neue Art der Baumkultur, indem er besonders auf die Beschneidung der Bäume achtete. Was vorher zufällig und ohne System geschah, erhob er in den Rang einer Wissenschaft. Und der geniale Le Nôtre schuf wunderschöne Gärten; sein ganzes Können setzte er ein, um den königlichen Wunsch nach Luxus zu erfüllen. Wer Geld hatte, nahm sich den König zum Vorbild, und bald folgte ganz Europa den Regeln von Le Nôtre und legte französische Gärten an. Auch heute gelten diese Regeln noch, obwohl man inzwischen vielerorts englische Gärten sieht, die ja viel einfacher sind und der Natur näherstehen. Wahrscheinlich gehen aber auch die englischen Gärten auf einen Franzosen zurück: auf den phantasievollen und lebhaften Dufrein. Er fühlte sich von den geraden Linien und rechten Winkeln, überhaupt von den exakten geometrischen Formen abgestoßen und entwickelte andere Ideen. Von ihm ließ sich der Engländer Kent beeinflussen, der 1720 neue Grundsätze für die Anlage von Gärten herausgab.

Die schönen Gärten in Frankreich dienten nicht nur als Augenweide für Spaziergänger; nein, auch der Kunst der feinen Küche brachten sie reichlich Nutzen. Alle Obst- und Gemüsesorten, die den Speisezettel bereicherten, wuchsen hier. Deutschland dagegen bot ein ganz anderes Bild. Vor allem die deutschen Gegenden, die nie römische Kolonie gewesen waren, kannten nur den einfachen Ackerbau. Daß Brandenburg eine Ausnahme bildete, hat es seinen Herrschern zu verdanken und den Ausländern, die auch schon zu früheren Zeiten ins Land kamen. Kurfürst Johann Georg rief 1573 Didier Corvey (Desiderius Corbianus) nach Berlin und beauftragte ihn, einen Gemüsegarten anzulegen. Erstaunlicherweise erlitt dieser Garten im Dreißigjährigen Krieg keinerlei Schaden, so daß Kurfürst Friedrich Wilhelm ihn 1645 neu herrichten lassen konnte. Er und sein Nachfolger vergrößerten und verschönerten ihn noch mehrmals, bis König Friedrich Wilhelm ihn 1720 zerstören ließ, weil er einen Exerzierplatz für seine Soldaten brauchte. Dies war ihm wichtiger als Bäume und Pflanzen.

Die Anfänge des Gartenbaus hätten sicherlich zu beachtlichen Ergebnissen geführt, aber der Dreißigjährige Krieg verhinderte das. Kurfürst Friedrich Wilhelm hatte ja in Holland blühende Gärten gesehen, hatte französische Lebensart kennengelernt. Mit Eifer widmete er sich allen Dingen, die seinem Volk irgendwie nützlich sein konnten. So verwundert es nicht, daß das zerstörte Land nach seinem Willen mit nützlichen und schönen Pflanzen bedeckt sein sollte. Die Einwohner kannten damals kaum Obst oder Gemüse. Gab es auf dem kurfürstlichen Tisch hin und wieder Blumenkohl, Sellerie oder Obst, so war dies mit der Post aus Hamburg, Leipzig, Erfurt oder Braunschweig gekommen!

Erst seit 1679, nach dem Frieden von St. Germain, konnte Friedrich Wilhelm dem Gartenbau genügend Aufmerksamkeit schenken. Er begann mit der Einrichtung eines Gemüsegartens, der heute allgemein »botanischer Garten« heißt, vom Volk aber auch »Küchengarten« genannt wird. Oft hatte man Gelegenheit zu beobachten, wie sich dieser große Herrscher von seinen schweren Regierungsgeschäften erholte, indem er die ganz gewöhnlichen Gartenarbeiten verrichtete. Die Bauern der benachbarten Dörfer waren zu besonderen Diensten verpflichtet, damit alles in diesem Garten gut und schnell gedeihen konnte. Aus vielen Ländern ließ sich der Kurfürst Samen und Pflanzen kommen; die brandenburgischen Gesandten im Ausland hatten es oft schwer, seine Wünsche zu erfüllen.

Wer bei Hofe etwas gelten wollte, folgte diesem Beispiel und ließ ebenfalls Gärten anlegen. Aber im ganzen bedeutete dies nur einen schwachen Anfang, denn die großen Summen, die die Reichen für ihr neues Vergnügen ausgaben, nutzten dem Volke wenig. Die Gärten mußten zu einer Sache des Volkes werden – und sie wurden es durch die Réfugiés. Unter ihnen gab es viele Gärtner, die meisten kamen nach Berlin. Dort wurden sie dringend von ihren französischen Landsleuten gebraucht, die sich so schwer an die Nahrung der Einheimischen gewöhnen konnten. Aber auch der Hof, der Adel und so mancher Reiche ermutigten die französischen Gärtner, sich in Berlin niederzulassen, und bezahlten gut! Die großen Vorstädte waren ja damals nichts als brachliegende Felder, die die Franzosen dann in blühende Gärten verwandelt haben.

Alle Pflanzen und Bäume gediehen unter den Händen der Réfugiés; sie säten, pflanzten und pflegten. Dabei nützten ihnen ihre Verbindungen nach Frankreich: Saatgut ließen sie kommen, Setzlinge und junge Bäume; einheimische Pflanzen veredelten sie, bauten Gewächshäuser und legten Frühbeete an. So ernteten sie nach gar nicht langer Zeit Obst- und Gemüsesorten, die in diesem Klima sonst nicht gedeihen konnten. Einige Réfugiés hatten Orangen- und Zitronenbäume gezogen und verkauften sie oder die Früchte nach Sachsen und in andere benachbarte Länder. Für den Hof und für reiche Privatleute legten sie Orangerien an. Der Wert, den sie damit erwirtschafteten, war recht stattlich; er kam ihnen selbst zugute, wirkte sich aber auch auf den allgemeinen Wohlstand aus. So war es nicht verwunderlich, daß die fähigsten französischen Gärtner in Berlin bekannt, ja berühmt waren. Der Hof zeigte ihnen sein Wohlwollen, auf das sie wiederum mit Dankbarkeit und mit noch größerem Fleiß antworteten. Selbstverständlich brachten sie der Herrscherfamilie ihre schönsten Früchte und Gemüse selbst ins Schloß. König Friedrich Wilhelm fühlte sich besonders zu M. Jolage hingezogen und sah ihm oft zu, wie dieser inmitten seiner großen Familie die gärtnerischen Arbeiten verrichtete. Brachte er Früchte zum Hof, so versäumte Königin Sophie Dorothea niemals, ihn bei sich eintreten zu lassen, um die Früchte mit eigner Hand entgegenzunehmen und seinen naiven und gutmütigen Worten zu lauschen. Und manches Mal, wenn die königliche Familie gerade bei Tische saß, erlaubte man ihm, auf ihre Gesundheit zu trinken.

Mehrere französische Gärtner, besonders die Brüder Boucher, versorgten König Friedrich II. mit Früchten, auch im Winter. Der Umfang der Lieferungen wurde geringer, als der König die großartigen Gewächshäuser in Potsdam bauen ließ. Seine Vorliebe für Gärten, vor allem für Obst, übte einen starken Einfluß auf den Gartenbau in seinem Lande aus, so daß beispielsweise Melonen, die man vor der Zeit des Refuge nicht kannte, nun fast schon zu den alltäglichen Dingen gehörten.

Ohne Frage förderten die Réfugiés den Obstanbau in ihrer neuen Heimat; was sie aber auf dem Gebiet des Gemüseanbaus leisteten, übertraf alles andere bei weitem; ja, man kann sogar sagen: Die vielen neuen Gemüsesorten veränderten die deutsche Küche von Grund auf. Vorher aß man in Deutschland kaum frisches Gemüse oder frische Kräuter. Hauptnahrungsmittel waren geräuchertes und gesalzenes Fleisch, getrockneter Fisch und getrocknetes Gemüse; dazu gab es manchmal Grünkohl und Sauerkohl, Kohlrüben und einige andere Wurzelgemüse. Wir kennen noch die Speisekarte von der Hochzeit Joachims II. aus dem Jahre 1524 für die Fürstentische. Einiges aus den vier Gängen sei hier genannt. Der erste Gang bestand in der Hauptsache aus Auerhahn, Gebratenem und einer Mandeltorte mit Konfekt; der zweite aus Schwein, Spanferkel und wilden Hühnern; der dritte Gang enthielt grünen Hecht und in Teig gebackene Rehkeule; der vierte gepreßte Schweinsköpfe mit Äpfeln und Weinessig, eingelegte Birnen, Gebackenes und Fisch.

Der Speisezettel zeigt, wieviel Fleisch und wie wenig Obst und Gemüse man aß. Dies hatte sich bis zum Ende des 17. Jahrhunderts kaum geändert, wenn auch der erwähnte Speisezettel von 1524 besonders üppig war! Wir sind sicher, daß es beispielsweise keine grünen Erbsen gab. Und grüne Bohnen aßen die Deutschen so selten, daß die älteren Menschen aus den französischen Kolonien sich noch an das Wort »Bohnenfresser« erinnern; es war, genau wie »Froschfresser«, ein Schimpfwort, mit dem die Deutschen ihre französischen Nachbarn in den Kolonien bezeichneten.

Natürlich bedauerten die Réfugiés, daß die deutsche Küche von ihrer so verschieden war; und man kann sich leicht vorstellen, wie froh sie über Landsleute waren, die sie mit den gewohnten Nahrungsmitteln versorgen konnten. Allmählich fanden auch die Einheimischen Geschmack an der französischen Küche, an Blumenkohl, Spargel, Artischocken – um nur einige Beispiele zu nennen. Man wollte nicht glauben, daß diese Dinge im hiesigen Klima gedeihen. Einige alte Kolonisten erinnern sich noch, daß ihr Arzt, M. du Clos, in Friedrichsfelde Artischocken in seinem Garten hatte und daß König Friedrich ihn mit seinem ganzen Hofstaat aufsuchte, um diese Sehenswürdigkeit zu bestaunen.

Als etwas Besonderes sei hier noch der Salat erwähnt, dessen Name ja auch französischen Ursprung verrät. In jedem französischen Garten war Salat zu finden; und die Kräuter, sogar Blumen, mit denen man ihn zubereitete, machten ihn besonders schmackhaft. Man ging nach Charlottenburg, um Salat à la Duhan zu essen.

So hieß der Gärtner, der besonders guten Salat hatte und der bei Hofe angestellt war. Den herrlichen Garten von Charlottenburg hatte Friedrich I. nach Zeichnungen von Le Nôtre anlegen lassen. Allerdings wurde nicht alles, was von Le Nôtre geplant war, auch ausgeführt.

Soviel ist deutlich geworden: Die Obstbaumpflanzungen, besonders aber der Gemüseanbau der Réfugiés veränderten die deutschen Lebensgewohnheiten von Grund auf. Die Behauptung aber, daß die Réfugiés damit einen schädlichen Einfluß auf die deutschen Sitten ausübten, ist ganz und gar falsch. Heute verbindet sich der Begriff »französische Küche« mit der Vorstellung von Schwelgerei und Üppigkeit. Damals kochten die Franzosen einfach. Und besonders die Mahlzeiten, die auf die Tische der Réfugiés kamen, waren und sind alles andere als üppig. Auch bei feierlichen Anlässen gab es nicht mehr als drei Gänge; diese Einfachheit haben sich auch die wohlhabenden Réfugiés bewahrt. Der typische Franzose – nicht der Pariser, denn in keiner Hauptstadt findet man das, was typisch ist für ein Land! –, der mittelständische Franzose aus irgendeiner Provinz ist genügsam; von Natur aus ist er lebhaft und der Freude zugetan. Um lustig zu werden, um zu feiern, braucht er kein besonderes Essen und Trinken, ja, er braucht nicht einmal Wein, um Trinklieder anzustimmen.

Unter den französischen Gärtnern gab es auch Blumenzüchter. Die meisten von ihnen kamen aus Metz. Als Blumenzüchter nennt die Kolonieliste von 1700 Namen wie: Dauphin, Gustine, Lefèvre, Sauvage, Matthieu, Sarre, Laval, Boucher, Nicolas, George usw. Sie verschönerten und veredelten die Blumen, ließen sie in herrlichen Farben schimmern und setzten damit ihre deutschen Nachbarn in Erstaunen. Der Gärtner Ruzé beispielsweise hatte einen schönen Garten in der Vorstadt Köpenick. Neugierige rückten in Scharen an, um die vielen schönen Blumen zu bewundern. Diese Vielfalt und diese Schönheit habe er durch magische Handlungen hervorgebracht, erzählte man sich hinter vorgehaltener Hand. In bestimmten Nächten gingen er und seine Familie Punkt Mitternacht in den Garten, und auf geheimnisvolle Weise vermehrten und veredelten sich alle Blumen in einem Augenblick!

Die meisten Blumenzüchter brachten es zu ansehnlichem Wohlstand. Was sie erarbeitet hatten, wurde oft von ihren Kindern und Kindeskindern weitergeführt. Es kam aber vor, daß sich diese der deutsch-reformierten Kirche anschlossen, denn ihr Beruf führte sie oft mit Nicht-Franzosen zusammen. Außerdem fehlten in den ersten Jahren die öffentlichen Einrichtungen, so daß mancher Franzose seine Muttersprache vergaß. Das Consistorium gründete dann bald einige Schulen, so daß wieder mehr französisch gesprochen wurde und etliche Familien zur Kirche ihrer Vorfahren zurückkehrten.

In den großen Gärten gingen die Réfugiés spazieren. Sonntags, im Anschluß an den Nachmittagsgottesdienst, begab man sich zur Zeit der Weinernte in die Vorstadtgärten, um Trauben zu essen. Hier stand jedermann klar vor Augen, wie die Franzosen nach anstrengenden Arbeitstagen fröhlich feiern konnten, ohne lästig oder ausschweifend zu werden. Ein- oder zweimal im Jahr verbrachten sie den Sonntag auf dem Lande, meist in Buchholz, denn man wollte auch an solchem Tage den Gottesdienst nicht versäumen.

Die böhmischen Kolonisten, die König Friedrich Wilhelm ins Land kommen ließ, bauten ebenfalls Gemüse an. Sie waren fleißig; und ihre besondere Art und Weise, den Boden zu düngen, brachte ihnen hohe Erträge, so daß sie ihre Erzeugnisse sehr billig verkaufen konnten. Die so entstandene Konkurrenz zwischen Franzosen und Böhmen war zwar für die Käufer vorteilhaft, für unsere Gemüsegärtner aber schädlich, besonders für die Buchholzer; denn sie verkauften ja vor allem in Berlin. Heute bauen sie nur noch wenig Gemüse an, verkaufen aber weiterhin ihren beliebten Weich- und Sahnekäse.

Als Friedrich II. die Kaffeesteuer erhöhte, um den Verbrauch einzuschränken und um seine Untertanen an ein einheimisches

Erzeugnis zu gewöhnen, begannen einige französische Gärtner, Zichorie anzubauen. Die Wurzel dieser Pflanze wird geröstet und gemahlen und dann wie Kaffee zubereitet. Dieses Getränk heißt auch »preußischer Kaffee«. Viele, viele Menschen, die sich inzwischen an Kaffee gewöhnt hatten, aber den hohen Preis nicht bezahlen konnten, tranken nun den »preußischen Kaffee«. Er tröstete sie über den Verlust hinweg und half ihnen, sich der Illusion des Kaffeegenusses hinzugeben. Die Gärtner, die Zichorie anbauten, verdienten gut; ja, sie exportierten sogar. Inzwischen senkte die Rücknahme der Kaffeesteuer auch den Preis, und der Bedarf an Zichorie ist seitdem zurückgegangen – allerdings nicht so sehr, wie man erwarten konnte; denn nicht wenige Menschen trinken weiterhin ihren »preußischen Kaffee«, andere mischen Zichorie mit echtem Kaffee. (Aus der Zeit Friedrichs II. stammt auch der Ausdruck »Muckefuck« für den preußischen Kaffee, die Übertragung von mocca faux ins Berlinische.)

Tabakpflanzer

Natürlich war das Land vor allem auf die Ernte von Nahrungsmitteln angewiesen. Daneben aber spielte der Anbau von Tabak eine besondere Rolle. Für viele Menschen war der Tabakgenuß inzwischen unverzichtbar geworden. Auf mehrere Arten nahm man Tabak zu sich: Man kaute ihn, man inhalierte ihn auf orientalische Weise, man stopfte ihn in die Pfeife und rauchte ihn oder schnupfte ihn, zu Puder zerkleinert, durch die Nase. Das Rauchen im Tabakskollegium Friedrich Wilhelms I. wurde als »Tabaktrinken« bezeichnet. Als erste Europäer entdeckten die Begleiter des Kolumbus tabakrauchende Indianer. Im 16. Jahrhundert dann brachten Spanier den Tabak nach Europa.

Als der Tabak in Europa bekannt wurde, fand er, wie alles Neue, eifrige Gegner und Befürworter. Der Zar und der König von Persien verboten ihren Untertanen den Genuß von Tabak. Wer zuwiderhandelte, dem wurde die Nase abgeschlagen. In England stritt man sich lange, ob der Genuß schädlich sei oder nicht. Der erste Leibarzt von Ludwig XIV., der schon erwähnte Fagon, konnte sich nicht dazu entschließen, vom Tabakgenuß abzuraten, denn ständig hatte er seine Tabakdose bei der Hand und bediente sich ihrer reichlich. Anderswo kämpfte man entschieden gegen den Tabak, beispielsweise in der Kirche. Papst Urban VIII. schleuderte eine Exkommunikationsbulle gegen die, die in den Kirchen ihren Tabak nahmen. In Preußen gab es noch unter der Regierung von König Friedrich Wilhelm einige rigorose Pietisten in Halle, nach deren Meinung ein Christ auf das Tabakrauchen verzichten sollte. Und eine Prinzessin erinnert sich an ihre Kindheit am Braunschweiger Hof, wo ein französischer Geistlicher das Tabakschnupfen in seinem Gottesdienst nicht duldete.

Seit dem Beginn des 17. Jahrhunderts pflanzten Bauern überall in Frankreich Tabak an und verkauften ihn gut. Möglicherweise beeinflußten auch sie die medizinische Meinung in ihrem Lande, wonach der Tabakgenuß nicht schädlich sei. Aufgrund staatlicher Eingriffe ging aber der Tabakanbau zurück, so daß es nun die spanischen Niederlande waren, die am meisten Tabak anbauten, verarbeiteten und exportierten. Als dann auch in diesem Lande die Protestanten verfolgt wurden, verließen viele fleißige und ehrliche Niederländer ihre Heimat und siedelten sich in der Pfalz an. Bald aber konnten sie auch dort nicht mehr ruhig leben und wanderten aus nach Brandenburg-Preußen. Sie und französische Réfugiés bauten nun in diesem Lande Tabak an und verarbeiteten ihn.

Kurfürst Friedrich Wilhelm war der erste, der in Brandenburg-Preußen Tabak anbauen ließ, und zwar bald nach seinem Regierungsantritt 1640. Die Anfänge müssen sehr bescheiden und mühsam gewesen sein, bis französische und Pfälzer Kolonisten große Tabakfelder anlegten, vor allem in der Uckermark, dem nordöstlichen Teil von Brandenburg, und bei Magdeburg. Manufakturen entstanden, die den Tabak verarbeiteten. Die ersten verbinden sich mit den Namen Sandrart, Würst und Schwarz. Von Brandenburg-Preußen aus exportierte man nach Dänemark, Schweden, Polen, Schlesien, Böhmen, ja sogar nach Holland und England. Aus den Papieren des verstorbenen Bürgermeisters von Magdeburg, M. Reclam, geht hervor, daß allein die pfälzische Kolonie Magdeburg bis 1708 für 369395 Taler Tabak nach Böhmen und Schlesien geliefert hat.

Als König Friedrich Wilhelm 1713 den Thron bestieg, breitete sich bei seinen französischen Untertanen eine unbestimmte Furcht aus, der neue Herrscher könnte sie vielleicht schlechter behandeln, als dies seine Vorgänger getan hatten. Manch einer der ausländischen Gesandten gefiel sich darin, diesen Verdacht auch noch zu nähren. Nun gab es allerdings in der Entwicklung von Wirtschaft und Handel einen zeitweiligen Stillstand. Außerdem leitete der König rigorose Sparmaßnahmen ein, die einige Kolonisten hart trafen, ohne daß dies der Herrscher so gewollt hätte. Jedenfalls verließen etwa vierzig französische Familien ihre neue Heimat und gingen nach Dänemark, wo sie in Fredericia große Tabakpflanzungen anlegten. Der König ließ sich ihren Weggang als Warnung dienen und erneuerte 1720 die Privilegien der französischen Kolonien.

Zuerst stellte man in Brandenburg-Preußen vor allem Pfeifentabak her. Später dann, unter der Regierung Friedrichs II., ging man allmählich zu feinem Schnupftabak über. M. Samuel Schock aus Basel, der heute das älteste Mitglied der Potsdamer Französischen Kirche ist, richtete 1738 als erster eine derartige Manufaktur ein. Er tat dies aus eigenen Mitteln und lehnte das Unterstützungsangebot des Königs ab. Seine Tabake verkauften sich gut im Lande und wurden auch bald exportiert. Danach entstanden ähnliche Manufakturen auch in Stettin, Berlin und Magdeburg.

Nach dem Siebenjährigen Krieg änderte Friedrich II. die Finanzwirtschaft. Der preußische Staat wollte nun die Tabakherstellung für sich monopolisieren. Noch mehrmals wurden Anbau und Herstellung von Pfeifen- und Schnupftabak neu geregelt und neu verwaltet, die Preise und Steuern erhöht. Aber die Besserung, die sich der König versprochen hatte, trat nicht ein.

Im Zusammenhang mit dem Tabakanbau muß unbedingt M. Achard von der Akademie der Wissenschaften genannt werden. Mit unermüdlichem Fleiß und erstaunlicher Akribie bemühte er sich um Fortschritte auf diesem Gebiet. Einundzwanzig ausländische Sorten, auch aus Asien und Amerika, ließ er anbauen. Heute, wo die einschränkenden Bestimmungen von Friedrich II. nicht mehr gelten, also auch Tabak wieder frei exportiert werden kann, gewinnen die Erkenntnisse von M. Achard große Bedeutung, und wir sollten sie uns unbedingt zunutze machen.

Bäcker

Der Hof und wer sonst auf Eleganz und andere schöne Dinge Wert legte, hatte bislang nur die Möglichkeit, seine Wünsche aus Frankreich befriedigen zu lassen, und mußte teuer dafür bezahlen. Es dauerte nicht lange, bis die fleißigen Réfugiés das im Lande anboten, was die neuen Sitten und Gebräuche verlangten. Zu diesen neuen Sitten und Gebräuchen gehören auch die Eßgewohnheiten.

Alle Völker ändern ihre Eßgewohnheiten, wenn sie die Fesseln der Barbarei abgestreift haben. Das rein physische Nahrungsbedürfnis wird sozusagen in den geistig-moralischen Bereich gehoben. Der Mensch ißt nicht abseits und allein wie das Tier. Zur Mahlzeit versammelt sich die Familie um einen Tisch. Man ißt, man entspannt sich, Körper und Geist erholen sich gleichermaßen. Das Gespräch ist jetzt ungezwungener, familiärer, vertrauter – kurz gesagt: Mahlzeiten sind in der Tat ein Band, das die Gemeinschaft zusammenhält. Wer wüßte nicht, daß im Altertum die wichtigsten Dinge bei Tische verhandelt wurden? Die Helden Homers halten Rat, indem sie ihre Mahlzeit zu sich nehmen, und der Ort ihrer Beratung ist der Saal mit dem gedeckten Tisch. Hier werden Kriegspläne geschmiedet und Friedensverhandlungen geführt. Wo ein gastliches Haus ist, mag manche Freundschaft entstehen. Wer mit mir aus einer Schüssel ißt und aus einem Becher trinkt, ist kein Fremder mehr; er ist mir nicht gleichgültig, er kann auf meine Dienste, meine Hilfe zählen. Juden wie Heiden geben den Mahlzeiten eine Art religiösen Charakter; kein Opfer wurde gebracht, dem nicht ein Festmahl folgte. In gewisser Weise zeigte man dem Gott, daß das, was auf dem Altar brannte, sein Anteil sei. Bei Gesprächen, bei Verträgen und Beteuerungen, bei allem, was während des Mahles geschah, war er nicht nur anwesend, nein, er bestimmte alles. Mose mußte die Israeliten von ihren Nachbarn fernhalten, die Götzendiener waren und sich in gefährlicher Abhängigkeit befanden; kein anderes Mittel hatte er, als das gemeinsame Essen durch Gesetz zu verbieten. Die ersten Christen feierten die Agape, das gemeinsame Liebesmahl; brüderlich vereinigten sie sich und aßen an einem Tisch.

Heute trägt die Mahlzeit keinen religiösen Charakter mehr. Aber im sozialen Leben nimmt sie einen wichtigen Platz ein: Keine Feier, kein öffentliches oder privates Fest ist denkbar ohne Mahlzeit. Immer noch setzen sich Freunde an einen Tisch und essen. Und wollen die Großen jemandem Ehre erweisen, so rufen sie ihn an ihren Tisch. Für den Reisenden zählen die Mahlzeiten, zu denen er eingeladen wird; kann er doch so am besten die Kultur und Zivilisation der durchreisten Länder ermessen.

Was macht das gemeinsame Leben angenehmer, freundlicher, inniger? Was knüpft mehr Bande als eben die Kunst, die sich der Mahlzeiten annimmt und sie so zubereitet, daß sie den Hunger stillen und gleichzeitig dem Gaumen schmeicheln? Niemand, auch nicht der strengste Moralprediger, soll diese Kunst mit Verachtung strafen!

In Frankreich gibt es die Kunst der feinen Küche etwa seit der

Regierungszeit Heinrichs II. Katharina von Medici brachte italienische Köche mit, die ihrerseits Franzosen anlernten. Vorher, so scheint es, war die Ernährung schlecht; zumindest kannte man nicht diese Vielzahl von Gängen, die zunächst an den Tischen der Großen serviert wurden, heute aber allgemein üblich sind. Damals begann man beispielsweise auch, grüne Erbsen zu essen. Frankreich kochte bald so gut und so schmackhaft, daß es – jedenfalls auf diesem Gebiet – den Vergleich mit dem antiken Griechenland und dem alten Asien nicht zu scheuen brauchte. Sogar die Römer, die gegen Ende ihrer republikanischen Zeit alle anderen Völker an Luxus übertrafen, hätten von der französischen Küche lernen können! Viele, viele französische Bücher über die Kochkunst sind bis heute geschrieben, gelesen und angewandt worden.

Wer von den Réfugiés schon in Frankreich mit diesem Gewerbe seinen Lebensunterhalt verdient hatte, wollte dies nun auch in der neuen Heimat tun. Gelegenheit dazu war reichlich vorhanden. Hof und Adel beschäftigten diese Réfugiés gern, und bald konnte man beobachten, wie die vermögenden Kreise sich einen erlesenen Geschmack aneigneten und ihre Eßgewohnheiten verfeinerten. Selbst die gewöhnliche Nahrung bereiteten die Réfugiés so perfekt zu, wie man es vorher in diesem Lande nicht gekannt hatte.

Die Bezeichnung »französisches Brot« gilt noch heute, Ende des 18. Jahrhunderts, allgemein in Berlin, und zwar für alle leichten Brote, die aus weißerem und feinerem Mehl gebacken werden als die gewöhnlichen Brote. So profitiert die Stadt bis zu diesem Tag von dem, was die französischen Bäcker mitbrachten. Schon sehr bald bildeten sie einen eigenen Berufsstand in Berlin, der sich bis heute so erhalten hat.

Der Bäcker ist einer der ältesten Berufe in Frankreich. Bereits 630, in den Anordnungen Dagoberts II., werden die Bäcker erwähnt als eine der ersten offiziellen beruflichen Zusammenschlüsse. Lange Zeit hindurch genossen die Pariser Bäcker große Privilegien, beispielsweise hatten sie eine besondere Gerichtsbarkeit. Später wurden sie dem Stadtvogt und der Polizei von Paris unterstellt. Außer den privilegierten Hofbäckern der Stadt gab es noch neun Bäckermeister aus der Umgebung, die besondere Rechte besaßen: Zweimal wöchentlich durften sie ihr Brot an bestimmten Plätzen zum Verkauf anbieten. Sie alle hatten das gewöhnliche Brot, das dem einfachen Volk als Hauptnahrung diente, und eine große Auswahl an leichten und feinen Brotsorten, die für die Franzosen ein unverzichtbarer Bestandteil aller Speisen geworden sind, auch der erlesensten. Niemand ißt so viel Brot wie der Franzose. Man meint festgestellt zu haben, daß ein Franzose so viel Brot ißt wie vier Engländer! Auch die Deutschen essen weniger Brot als die Franzosen. Bis heute schätzen unsere deutschen Zeitgenossen die Mahlzeiten, die die Nachkommen der Réfugiés zubereiten, auch deswegen, weil diese Mahlzeiten viel Brot enthalten.

Als die Franzosen in Brandenburg einwanderten, kannte man hier nur das grobe Roggenbrot. Es liegt so schwer im Magen, daß es denen, die eine leichtere Kost gewohnt sind, nicht bekommt. Deswegen bereiteten es die französischen Bäcker so zu, wie es dem Geschmack ihrer Landsleute eher entsprach. Außerdem backten sie Weizenbrot und grobes Schwarzbrot; beides wurde zunächst nur in den Häusern der Réfugiés gegessen, bald aber auch in den deutschen Häusern. Noch viele andere Brotsorten machten die Réfugiés im Lande bekannt. Mehrere Bäcker verkauften zusätzlich noch einfache Kuchen, beispielsweise Obstkuchen, Cremekuchen, Kuchen mit Eiern gebacken oder in Fett erhitzt, und sicherten sich auf diese Weise einen guten Nebenverdienst. Wir haben noch einen Bäcker in der Kolonie gekannt, der mit dieser Nebenbeschäftigung ein beträchtliches Vermögen machte. Seine fleißige Frau wirtschaftete mit diesem Vermögen und führte die Kuchenbäckerei allein weiter, während er selbst mit seinen Arbeitern seinem Hauptberuf, der Brotbäckerei, nachging. Andere französische Bäcker betrieben nebenbei einen gutgehenden Getreidehandel.

Von Anfang an gab es Streitigkeiten zwischen den deutschen und den französischen Bäckern. Nur zu oft mußte sich der Hof mit den Klagen beider Seiten beschäftigen. Eine Verordnung vom 7. September 1735 schuf endlich Klarheit: Ausschließlich den französischen Bäckern wurde gestattet, Weizen- und Roggenbrot zu backen, das unter dem Namen »französisches Brot« bekannt war; was man aber in der Kolonie als »deutsches Brot« bezeichnete, durften nur deutsche Bäcker herstellen. Insbesondere war es den französischen Bäckern verboten, die kleinen Brote zu backen, die in Deutschland »Semmeln« heißen. Allerdings darf man »Semmel« nicht mit dem französischen »Semoule« verwechseln; dies ist nämlich der Name für Grieß, aus dem man Nudelteig herstellt.

Mehrere französische Bäcker durften den Hof in Berlin und verschiedene königliche Schlösser beliefern. Friedrich Wilhelm I. bestellte M. Victor Jacques Delon, den Sohn eines Réfugiés, zum Potsdamer Hofbäcker; der versorgte den König mit Milchbrot. Heute wird die königliche Tafel von M. David Blanvalet beliefert, dessen Großvater einer der ersten Bäcker der Kolonie war.

Buchdrucker

Weder in Brandenburg noch sonstwo in Europa hatten Buchdruckerkunst und Buchhandel am Ende des 17. Jahrhunderts den Stand erreicht, den sie heute haben; aber schon damals boten sie einigen Réfugiés ihren Lebensunterhalt. So alt die Buchdruckerkunst ist, so lange gibt es sie in Brandenburg. Seit der Reformation war das Bedürfnis nach Bildung, und damit nach Büchern, gewachsen; es gab also Bücher, aber keine französischen. Zwar sprach die vornehme Welt französisch, aber diese Sprache war damals noch keineswegs so verbreitet, daß sich der Druck und Verkauf von französischen Büchern gelohnt hätte. Was man an französischen Büchern brauchte, ließ man sich aus Frankreich kommen.

Die Dinge änderten sich natürlich, als die Réfugiés einwanderten. 1688 zahlte der Kurfürst Reisekosten für Robert Roger aus Rouen; dieser druckte die ersten französischen Bücher in Berlin. Zunächst waren es nur die Bibel, die Psalmen und einige Andachtsbücher, die alle in die französischen Kolonien gingen, allerdings nicht nur nach Brandenburg-Preußen, sondern auch anderswohin nach Deutschland und in den Norden. Die Brüder Arnaud und Jean Dussarat weiteten diesen Buchhandel aus und betrieben noch zusätzlich eine Druckerei. M. Estienne, Nachkomme der bekannten Buchdrucker dieses Namens, richtete ebenfalls eine Druckerei ein, zusammen mit M. Naudé aus Metz. Diese ersten Druckereien verkauften noch zusätzlich einige Andachtsbücher, die sie aus Holland und Frankreich bezogen. (Übrigens ist der erwähnte M. Estienne der Vater des M. Jacques Estienne, Geheimer Rat des Königs. Sein kürzlich erfolgter Tod (1787) ist für unsere Kolonie ein schmerzlicher Verlust; hat sich dieser Mann doch um uns in vielerlei Hinsicht verdient gemacht.)

Während der Regierungszeit Friedrichs II. erlebte der französische Buchhandel einen riesigen Aufschwung, besonders in Berlin. Hier hatte sich der Verleger und Buchhändler M. Jean Neaulme aus Amsterdam niedergelassen, der durch sein großes Unternehmen und seinen ausgedehnten Handel weithin bekannt war. Zeitweise schloß er sich mit M. Etienne de Bourdeaux zusammen, dessen Angebot an französischen, englischen, italienischen, griechischen und lateinischen Büchern wohl das größte und vollständigste ist, das es in Deutschland (überhaupt im Norden) gibt. Die Herren Jaspard, Petit, Pitra und de la Garde handelten ebenfalls mit Büchern, und M. de la Garde gründete sogar eine Buchhandlung im kurländischen Liebau. Die Herren de Bourdeaux und Pitra erhielten den Titel »Buchhändler des Königs und des Hofes«; sie lieferten dem König den weitaus größten Teil der Bestände für seine Bibliothek und für die Bibliothek der Adligen-Akademie. Ständig haben sie den Monarchen mit allen Büchern versorgt, die er für seinen persönlichen Gebrauch oder für die Schloßbibliothek in Berlin und Potsdam haben wollte.

Die Listen der Bücher, die er geliefert bekam, zeigen deutlich: Dieser große König liebte vor allem die antiken Klassiker. Je älter er wurde, desto mehr widmete er sich ihnen. Für zeitgenössische Werke hatte er wenig Interesse, aber in der männlichen, fast strengen Schönheit der Antike konnte er sich wiederfinden. Seit seiner Jugend lag beides im Streit: die Pflichten gegenüber seinem Staat und seine Liebe zur Literatur. Wie oft hat er bedauert, daß er die wichtigsten griechischen und lateinischen Werke nicht in der Originalsprache lesen konnte. Sorgfältig sammelte er die besten französischen Übersetzungen und bestimmte Fachleute, die daran arbeiten sollten. In seinen letzten Jahren lebte er ja äußerst zurückgezogen; er war so krank, daß er nicht mehr musizieren konnte. Es muß ihm schwergefallen sein, auf die Musik zu verzichten; liebte er sie doch über alles und leistete auch Hervorragendes auf diesem Gebiet. Noch mehr wandte er sich nun der Literatur zu und ließ sich alle antiken Schriftsteller vorlesen. Besonders gefiel ihm, wie schön der Priester Auger den Demosthenes und andere Griechen übersetzt hatte; und allzu gern las er die Übersetzung der Odyssee von Bitaubé.

Unter der Jahreszahl 1703 fanden wir eine Druck- und Liefererlaubnis für französische Bücher. Sie wurde M. Lefèvre in Halle erteilt. Und Seigneur Felix de Serre, ebenfalls aus Halle, erhielt eine ähnliche Erlaubnis, die dann 1720 an die reformierte Schule überging.

Hutmacher

Außer Textilien stellten die Réfugiés Hüte her. In Frankreich kannte man Hüte seit dem 15. Jahrhundert. Die Geschichte überliefert uns, daß Karl VII. einen Hut getragen hat, als er 1449 die

Stadt Rouen betrat. Vorher waren Kappen und Kapuzen gebräuchlich. Wie das immer der Fall ist, so fand die neue Mode auch diesmal Anhänger und Gegner. Es heißt, daß der Bischof von Dôle voller Eifer für die Schlichtheit der guten alten Zeit eintrat und seinen Chorherren verbot, Hüte zu tragen. Sobald ein Hut in seiner Kirche auftauchte, war dies Grund genug, den Träger vom Gottesdienst auszuschließen. Doch solcher Eifer hatte auf die Dauer keinen Erfolg: Hüte setzten sich durch und gehörten bald zu den besten Ausfuhrartikeln in die Nachbarländer, besonders nach Deutschland. Die Hutmacher benutzten Wolle, Felle von Kaninchen, Hasen und Bibern. Unendlich viele Möglichkeiten erdachten sie, den ursprünglichen Stoff zu bearbeiten und zu verändern.

Wir haben Grund zu der Annahme, daß die Herstellung von Hüten in Frankreich fast ausschließlich in den Händen der Reformierten lag und daß sie es waren, die die Geheimnisse der Herstellung besonders feiner Hüte besaßen und bewahrten. Ganz sicher gab es in der ersten Zeit nach der Aufhebung des Ediktes von Nantes kaum noch Handel mit Hüten. Nach Holland, nach England und in die nördlichen Länder wurde nicht mehr geliefert, dafür aber blühte der englische Handel mit Hüten. Viele reformierte Hutmacher gingen nämlich dorthin, sie wurden gut aufgenommen, und sie wurden reich. Für die Zubereitung des Materials, der Wolle und der Tierfelle, war die Zusammensetzung des Wassers wichtig: Der Mischung aus weichem und hartem Wasser wurde Quecksilber beigegeben, wobei die Hersteller jeweils das Verhältnis bestimmten, ebenso die Zutaten, die sie sonst noch für die Bearbeitung brauchten. Alles dies hüteten sie als ihr Geheimnis und nahmen es mit ins Ausland, zunächst vor allem, wie schon erwähnt, nach England. Die französische Wirtschaft wurde dadurch empfindlich getroffen. Erst um die Mitte des 18. Jahrhunderts entstand in Paris wieder eine große Hutmanufaktur.

Bevor die Réfugiés kamen, produzierte man schon in den kurfürstlichen Landen Hüte – klein in der Zahl, aber groß, riesengroß und unförmig im Aussehen. Es war nicht allgemein üblich, Hüte zu tragen; wer aber auf besondere Eleganz Wert legte, ließ sich feine Hüte aus Frankreich oder England kommen. So hatte Friedrich Wilhelm Grund genug, den französischen Hutmachern allerlei Vergünstigungen zu gewähren; war es doch abzusehen, daß durch sie beträchtliche Geldsummen im Lande bleiben würden, ja, daß durch die Ausfuhr von Hüten sogar neues Geld hereinkäme. Noch heute wird erzählt, wie sehr sich der Kurfürst freute, als man ihm den ersten in seinem Land hergestellten Biberhut präsentierte, und wie nachdrücklich er seinen Minister, M. Grumbkow, anwies, die Hutmacher mit allen nur möglichen Mitteln zu fördern. Und er hat noch erlebt, daß seine diesbezüglichen Pläne in Erfüllung gingen.

Allerdings dauerte es noch geraume Zeit, bis die Hutmode sich wirklich durchsetzte. Viele Einheimische lehnten sie zunächst ab, die einen aus falsch verstandenem Patriotismus, die anderen aus natürlicher Abneigung gegen alle französischen Moden. So sah sich 1689 der Hof gezwungen, öffentlich zu erklären, die von den Réfugiés hergestellten Hüte seien ganz und gar deutsche Produkte. Wir haben selbst noch gesehen, daß die einfachen Leute, besonders in den Provinzstädten und Dörfern, nicht Hüte trugen, sondern Kappen.

M. Antoine Delon aus der Dauphiné begann in Magdeburg mit der Hutfabrikation und hatte bald großen Erfolg damit. Die Register erwähnen noch weitere Namen, beispielsweise Pernet, de Helot und le Clerc. Einer der ersten, die in Berlin Hüte herstellten, war M. David Mallet aus Rouen. M. Grimaudet bekam Häuser in Berlin und Frankfurt zugewiesen, und auch M. Moyse Aureilhon erhielt erhebliche Vergünstigungen, damit die Hutherstellung so erfolgreich wie nur möglich wurde. In Berlin besteht noch heute das gutgehende Geschäftshaus, das einst M. Guillaume Douilhac aus Revel gründete. Die Hüte, die hier hergestellt wurden, kaufte man nicht nur im Lande selbst, sondern sie gingen auch an das Militär, besonders an die Offiziere, und vor allem erschlossen sie einen neuen Markt im Ausland, nämlich in Polen und Rußland. Die Nachkommen des Gründers haben bis heute die Manufaktur weitergeführt. Auch andere Huthersteller, wie M. Marsal aus Metz und M. Richard aus Nîmes, machten sich einen guten Namen; und diejenigen, die das Militär belieferten, betrachteten dies als Auszeichnung und als Ansporn.

Seit einiger Zeit tragen auch die Frauen Hüte, und zwar Filzhüte. Diese neue Mode hat der Herstellung und dem Handel einen großen Aufschwung gebracht. Einer der ersten Huthersteller unserer Kolonien sagte uns: Als er seinen Beruf erlernte, hätte er es nicht für möglich gehalten, daß ausgerechnet die Frauen den Fortbestand seiner Manufaktur gewährleisten würden!

In allen Städten des Landes stellte man schließlich Hüte her; viele wurden und werden ins Ausland verkauft. Die nördlichen Länder brauchen nun, um gute Ware zu erhalten, nicht mehr in England oder Frankreich zu kaufen. Unsere Hüte stehen den englischen und französischen in nichts nach!

Abschließend soll noch etwas von dem Huthersteller M. Jacques Douilhac berichtet werden. König Friedrich Wilhelm war von dem Gewinn, den dieser Erwerbszweig seinem Land brachte, so angetan, daß er beschloß, auch in Königsberg Hüte herstellen zu lassen, und er bot M. Douilhac beträchtliche Geldsummen an. Dieser lehnte ab. Die Antwort, die er dem König gab, verdient wohl, überliefert zu werden, denn sie zeigt, wie freimütig die Réfugiés auftraten: »Sire, wenn Ihr mir Geldsummen zukommen laßt, dann werdet Ihr zweifellos auch Kommissare schicken, die prüfen, wie ich mit Eurem Geld umgehe. Diese werden sehen, daß ich die Gewohnheit habe, jeden Mittag ein Glas Wein zu trinken; und sie werden nach Berlin berichten, daß ich das Geld Seiner Majestät vertrinke!«

Stuhlträger (Sänftenträger)

Immer wieder können wir beobachten, wie der technische Fortschritt unsere Lebensweise verändert. Viele interessante Dinge
gäbe es zu berichten. An dieser Stelle wollen wir eine Einrichtung
beschreiben, der französische Familien niederer Herkunft ihren
Lebensunterhalt verdankten.

Die Kutschen wurden in Frankreich erfunden. Allerdings gab es
während der Regierungszeit von Franz I. nur zwei im ganzen Land:
Eine gehörte der Königin, die andere gehörte Diane, der natürli-
chen Tochter Heinrichs II. Doch bald wurde die Zahl der Kutschen
größer; denn diese Erfindung war zu angenehm, um sich nicht
durchzusetzen! 1563 ließ Karl IX. Gewerbescheine ausstellen, damit der Luxus nicht überhand nahm. Das Gericht fügte seinerseits
noch die Bitte hinzu, die Kutschen doch für die Stadt zu verbieten.
Die Hofleute und Präsidenten lehnten diesen Luxus auch für sich
selbst ab: Bis zum Ende des 17. Jahrhunderts begaben sie sich auf
Mauleseln ins Gericht. Nur Damen – natürlich solche von hohem
Adel – bedienten sich der Kutschen. Es heißt, daß Jean de Laval de
Bois Dauphin der erste von den Hofleuten gewesen sei, der sich in
einer Kutsche fortbewegte; denn wegen seines außerordentlichen
Leibesumfanges konnte er weder laufen noch reiten. Nach ihm
wagte auch manch anderer, in der Kutsche zu fahren. Heute zählt
man in Paris 15 000 Kutschen.

Während der Regierungszeit Ludwigs XIV. schaffte ein Mann namens Sauvage Kutschen an und überließ sie einzelnen Personen
zur Benutzung. Er wohnte in der rue Saint Martin; sein Haus hatte
als Erkennungszeichen das Bild des heiligen Fiaker. Dieser Name
ist seitdem gebräuchlich für den Wagen und den Mann, der ihn
lenkt.

1650 erhielt ein gewisser Villerme das Recht, große und kleine
Wagen in Paris zu verleihen. Andere Namen folgten; und eine un-
übersehbare Menge von Fortbewegungsmitteln aller Art hat es

seitdem in Paris gegeben: Fiaker, Schubkarren, Tragestühle; Wagen nach Versailles, St. Germain und anderen benachbarten Orten – von den Wasserfahrzeugen ganz zu schweigen.

In Frankreich also fuhr man Kutsche schon während der Regierungszeit Ludwigs XIV. In Berlin dagegen waren die Kutschen nur wenigen Persönlichkeiten allerhöchsten Ranges vorbehalten; es gab weder Fiaker noch andere Wagen. Dabei hätten die schlechte Pflasterung und der Schmutz eine größere Zahl von Wagen dringend notwendig gemacht. Man half sich, so gut man eben konnte. Beispielsweise gingen die Hofleute auf besonders hochhackigen Schuhen zum Potsdamer Schloß, um nicht in den Schmutzmassen zu versinken! In Berlin wurde durch den Bau der Kavaliersbrücke Abhilfe geschaffen; sie diente einzig dem Zweck, die Hofleute einigermaßen bequem und sauber an ihr Ziel gelangen zu lassen.

Doch nun zurück zu dem Lande, das den Réfugiés zur Heimat geworden war. Im Jahre 1688 bewilligte der Kurfürst die Summe von 558 Talern für zwölf Tragestühle und vierundzwanzig Livreen. Offensichtlich waren es Réfugiés, die dem Kurfürsten diesen Gedanken nahebrachten; denn ausschließlich Réfugiés hatten das Recht, als Träger zu arbeiten. Auch wurden nur Réfugiés zu Inspektoren dieser Einrichtung ernannt. Eine Anordnung von 1692 bestätigte alles: »...einerseits zum Wohle der Öffentlichkeit, andererseits zur Unterstützung der aus Frankreich eingewanderten Réfugiés.« Bei dieser Gelegenheit wurden auch die zu niedrigen Löhne der Träger erhöht.

Mit der Zeit aber gab es immer mehr Wagen, so daß die Zahl der Tragestühle im Jahre 1718 auf acht, später auf sechs festgesetzt wurde. Sie hatten ihren Platz am großen Schloßportal; und es waren vor allem Hofleute, die sie innerhalb des Schloßgeländes benutzten.

In dieser Weise zu arbeiten galt als Auszeichnung. Nur rechtschaffene und ehrliche Franzosen wurden als Träger zugelassen; sie duldeten niemanden in ihren Reihen, der auch nur in dem leisesten Verdacht stand, er habe sich etwas zuschulden kommen lassen. So war die Bezeichnung »Stuhlträger« zu einem Ehrennamen geworden.

In einer Stadt wie Berlin sind Wagen doch bequemer; und es war nur natürlich, daß sie allmählich die Tragestühle ersetzten. Schließlich beanspruchten auch die Franzosen das ihnen früher zugesprochene Vorrecht nicht mehr. 1780 oder 1781 kaufte ein Berliner Händler einige Tragestühle und stellte sie an verschiedenen Plätzen auf, aber bald verschwanden auch sie ganz aus dem Stadtbild.

Manufakturen und Handel

Überall im Lande entstanden Manufakturen. Diese erlangten schnell einen hohen Grad der Perfektion; denn die Mittel, die der Kurfürst zu ihrem Aufbau gab, brachten großen Erfolg. Nur zwei oder drei Jahre waren vergangen, seit er die Réfugiés ihre ersten Manufakturen einrichten ließ, und schon wurde das Land ausreichend mit Wollstoffen versorgt; dieses Produkt mußte vorher aus dem Ausland bezogen werden. In einem Erlaß vom 30. März 1687 erneuerte der Kurfürst sein altes Verbot, das die Ausfuhr einheimischer Wolle und die Einfuhr ausländischer Wollstoffe unter strengste Strafe stellte. Die Manufakturen lieferten diese Stoffe keineswegs teuer, und sie lieferten so reichlich und in so guter Qualität, daß Käufe im Ausland allen Grundsätzen einer vernünftigen Politik widersprochen hätten. Maßnahmen zur Einschränkung des Imports empfindet man ja nur dann als unbillige Härte, wenn inländische Hersteller schlechtere und teurere Ware verkaufen.

Paul Jacob Marperger, ein deutscher Autor, hat zu Beginn dieses Jahrhunderts über diese Dinge trefflich geurteilt, als Abhandlungen über Finanzen, über Ackerbau und Handel noch nicht so verbreitet waren. Für diesen Autor bedeuten die Manufakturen, die

126

die Réfugiés einrichteten, eine Revolution; denn sie beendeten das Abhängigkeitsverhältnis von Frankreich. Deutschland hatte bisher mit all seinen Reichtümern gezahlt und konnte diese nun im Lande behalten. Heute profitiert Frankreich vom deutschen Geschmack an Luxusgütern; damals aber handelte es sich um die allernötigsten Dinge, die man zum Leben brauchte und die im eigenen Lande nicht hergestellt wurden, weil die Voraussetzungen fehlten. Der Autor, den wir erwähnten, stellt also zu Recht fest: Preußen sei Friedrich Wilhelm und seinen Nachfolgern zu großem Dank verpflichtet, weil sie die Réfugiés aufnahmen und Nutzen aus ihnen zogen. Dies habe dem Lande mehr eingebracht, als wenn es ganze Provinzen Frankreichs mit militärischer Gewalt erobert hätte.

Die Hilfe, die die Manufakturen und der erfinderische Geist der Unternehmer bekamen, ließen die Produktion bald um ein Vielfaches anwachsen. Für die Wollherstellung war es von Vorteil, daß man auf Luxus und Eleganz noch wenig Wert legte. Nach Seidenstoffen, die ja nur in kleinen Mengen im Lande hergestellt wurden, fragte man noch nicht; und auch die Verbindung mit Frankreich war noch nicht so stark, daß sie allgemein Mode und Lebensstil bestimmt hätte. Die bürgerlichen Familien benutzten Wolle, um sich zu kleiden und um ihre Wohnungen auszustatten; auch der Hof lebte sehr einfach und bewies große Klugheit durch sein Beispiel. In Frankreich hatte übrigens Sully, der sich in all diesen Dingen gut auskannte, immer wieder versucht, Heinrich IV. von der Gründung der Seidenmanufakturen abzubringen. Jedenfalls brachten die Wollmanufakturen der Réfugiés ihrer neuen Heimat beträchtlichen Vorteil; der Umsatz erhöhte sich noch dadurch, daß Armee und Hof durch sie beliefert wurden.

Bald konnte nicht nur das eigene Land gut und reichlich mit Wollstoffen versorgt werden, sondern der Kurfürst kam auch mit anderen Teilen Deutschlands ins Geschäft. Städte wie Leipzig, Naumburg, Frankfurt am Main, Braunschweig wurden Umschlag-

Les Réfugiés François établissent des Fabriques
dans le Brandebourg

Deff. & gr. par D. Chodowiecki

128

plätze für Waren der Réfugiés. Diese brauchten die Konkurrenz englischer und französischer Waren nicht zu fürchten, mit denen sie die Märkte teilten.

Wir haben gesehen, wie wirksam der Kurfürst die Unternehmer unterstützte. Damit begann er, um in einem Bild zu sprechen, die großen Räder einer Maschine in Gang zu setzen. Was aber geschah mit den vielen kleinen Rädchen, mit der Masse der Lohnarbeiter? Diese Menschen leben ja in besonderem Maße bis heute von der täglichen Arbeit, die nicht viel mehr als die Grundbedürfnisse befriedigt; können sie ihrer Arbeit eine Zeitlang nicht nachgehen, fehlt es schnell am Nötigsten. Die Verfolgungen in Frankreich und die Vertreibung aus ihrer Heimat stürzten sie in tiefe Armut. Nichts brachten sie in ihr Asyl mit als nur ihren Fleiß und ihre Arbeitskraft.

Der Kurfürst ordnete an, daß sich um diese Menschen Kommissare kümmerten, die er an der Grenze postiert hatte. Sobald diese Armen, die alles für ihren Glauben geopfert hatten, ins Land kamen, erhielten sie großzügige Geldzuwendungen, auch Kleidung, Möbel usw. Einige brachte man in Häusern unter, die als Manufakturen vorgesehen waren; für andere Neuankömmlinge hatte der Magistrat freien Wohnraum zur Verfügung zu stellen. Zwei Groschen pro Tag garantierten den Lebensunterhalt. In jeder Hinsicht sorgte man für sie, bis sie in den Manufakturen Arbeit fanden und dann selbst Wohnungen einrichten und für sich sorgen konnten.

Heutzutage sind zwei Groschen pro Tag viel zuwenig für eine Familie; aber wir erinnern noch einmal daran, daß Geld damals einen anderen Wert hatte. M. Unger hat zuverlässige Tabellen veröffentlicht, wonach die notwendigen Ausgaben einer fünfköpfigen Familie zwischen 1500 und 1750 von fünf Reichstalern, fünf Gro-

◄ »Die Réfugiés richten in Brandenburg Manufakturen ein« und führen dem Kurfürsten ihre Erzeugnisse vor. Stich von Chodowiecki

schen und acht Pfennig jährlich auf hundertfünfzig Reichstaler stiegen, also fast um das Dreihundertfache. Als Folge der Entdeckung Amerikas kam neues Geld nach Europa. Dadurch stieg in Frankreich der Preis von Wein und Weizen um das Zwanzigfache. An vielen anderen Beispielen könnte man noch zeigen, wie sehr die Einfuhren von Gold und Silber (aus Mittelamerika) die Preise in Europa beeinflußten. Wenn es zutrifft, was man bei uns sagt, nämlich daß die im Umlauf befindliche Geldmenge zu einer Erhöhung der Preise führt und sogar stetig zunimmt, dann braucht der einzelne Glück und Vermögen, um sich durchzuschlagen – keine gute Perspektive für Menschen, die von ihrer Hände Arbeit leben und sonst weder Einkünfte noch Vermögen haben. Es kommt hinzu, daß die Regierungen diese armen Menschen nicht teilhaben lassen an ihren Einkünften, die ja mit den Gold- und Silbermengen von selbst anwachsen.

Blühende Manufakturen genügten aber nicht; es kam darauf an, sie dauerhaft und solide zu machen, damit sie auch bei ausländischen Händlern vertrauens- und kreditwürdig blieben. In dem schon erwähnten Erlaß von 1687 regelte der Kurfürst auch Einzelheiten, beispielsweise Maße und Gewichte der Stoffe, um so eine gleichbleibende Qualität zu erhalten. In Frankreich und England kannte man solche Regelungen schon lange vorher. Seit Richard I. im Jahre 1197 über Größe und Qualität der englischen Tuche befunden hatte, kamen neue Bestimmungen im Laufe der Zeit hinzu. So wurde ein Königlicher General-Ellen-Messer eingesetzt, dessen Aufgaben und dessen Vollmacht im Falle von Zuwiderhandlungen das englische Gericht 1328 ziemlich genau bestimmte. Diesen wichtigen Posten bekleidete zunächst ein Herzog von Richmond. Überall, wo es Manufakturen gab, gab es auch Personen, die die Qualität kontrollierten. Übrigens hatte auch die deutsche Hanse ähnliche Maßnahmen für alle ihre Waren getroffen, und ihr großer Erfolg ist sicherlich auch auf diese Maßnahmen zurückzuführen.

Man schlug dem Kurfürsten vor, ein besonderes Handelskollegium zu schaffen, das über alle Dinge des Handels wachen sollte. Er aber wollte vereinfachen und wies diesen Vorschlag zurück. Innerhalb des Hauptkommissariates, dem er die Angelegenheiten der Réfugiés anvertraut hatte, richtete er statt dessen eine Abteilung für Handel ein und bestimmte Marschall von Grumbkow zu ihrem Direktor. Die Städte, die Manufakturen besaßen, erhielten einen Inspektor, und dieser stand mit der Abteilung Grumbkows in Verbindung. M. Pierre de Mézeri wurde Rat- und Hauptinspektor und erhielt die Vollmacht, alle Manufakturen des Landes zu visitieren; dabei sollte er die Inspektoren der einzelnen Städte hinzuziehen, des weiteren aus den Kolonien die gescheitesten Kaufleute, Richter und Direktoren. Die Visitationsberichte, die regelmäßig abgefaßt wurden, beweisen zum einen, wie fleißig und fähig M. de Mézeri war, zum andern, wie sicher und klug Friedrich Wilhelm die Personen auswählte, die er für seine Ziele brauchte. Was dieser Herrscher begonnen hatte, um die Einrichtungen der Réfugiés dauerhaft und solide zu machen, brauchten seine Nachfolger nur fortzusetzen.

Viele Waren stellten die Réfugiés her; die Manufakturen blühten, Handel und Wandel wurde immer reger, sowohl nach innen wie nach außen. So erschlossen sich den französischen Kolonisten viele Arbeitsmöglichkeiten. Nach einigen Jahren hatten sie gut gehende Handelshäuser in Magdeburg, Königsberg, Stettin, Halle, Frankfurt an der Oder und Prenzlau – überall da, wo es größere Kolonien gab. Um welchen Handelszweig es sich auch handelte, überall waren Réfugiés mehr oder weniger beteiligt. M. Leclerc in Berlin und M. Crégut in Magdeburg richteten Holzhandlungen ein und schlossen gute Geschäfte ab; des weiteren waren die Herren le Bachellé, le Jeune, Corvisier, Maillette de Buy und andere im Bankwesen tätig. Herstellung und Handel unterstützten sich gegenseitig, Beziehungen und persönliche Bekanntschaften ermöglichten es den Kaufleuten, ihre Waren auszuführen. Auf diese Weise erwarben sich die Häuser Hainchelin, Mauru, Perard, Jacob und andere ihr Vermögen. Andererseits ergab sich aber auch: Je mehr Möglichkeiten der Export hatte, desto größer und reichhaltiger wurde das Warenangebot. Einer der erfolgreichen Kaufleute war M. Paul Demissy, der aus einer Kaufmannsfamilie stammte. Als erster in Berlin stellte er Stoffe aus Mischfasern her: Wolle mit Leinen, mit Baumwolle und mit Seide, bekannt unter dem Namen Kattun und Siam-Stoff. Was er herstellte, war von guter und ausgereifter Qualität und wurde viel gehandelt.

Schon während der Regierungszeit Rudolphs II. aus dem Hause Habsburg, der bis 1612 regierte, hatte man diese Stoffe in Schlesien eingeführt; Mezzolan wurden sie dort genannt. Die Weber widersetzten sich mit allen Mitteln, denn sie fürchteten, daß ihr Gewerbe darunter leiden würde. Für ihre Ziele gewannen sie unwissende oder parteiliche Prediger; diese führten in ihren Predigten das Gesetz des Mose an, wonach es verboten ist, Stoffe aus einem Fasergemisch zu verwenden. »Du sollst nicht anziehen ein Kleid, das aus Wolle und Leinen zugleich gemacht ist«, so heißt es im 5. Buch Mose, Kapitel 22, Vers 11. Gemeint ist wohl ein Gemisch aus tierischen und pflanzlichen Fasern.

Genau läßt sich nicht sagen, welches die Absicht ist, die dieses biblische Gesetz verfolgt. Möglicherweise wollte es die einfache Lebensweise der Israeliten bewahren und einen aufkommenden Luxus zurückdrängen. Jedenfalls durfte man daraufhin die Stoffe aus Mischfaser in Schlesien nicht einführen; allerdings dauerte es nicht lange, bis dieses unsinnige Verbot wieder aufgehoben wurde.

Wir haben schon erwähnt, daß die Réfugiés, denen Manufakturen und Handel anvertraut waren, überaus erfolgreich arbeiteten. Dieses lag sicherlich nicht nur an der großzügigen Unterstützung, die sie erhielten, sondern diese Menschen hatten bei ihrer Arbeit nur das Allgemeinwohl im Auge. Sie waren von Dankbarkeit erfüllt gegenüber ihrem neuen Vaterland, und sie wollten zum Glück derer beitragen, die später kamen und, genau wie sie, Opfer von Verfolgungen waren. Dem Beispiel der ersten Einwanderer folgten auch die Nachkommen: Bis heute wissen die meisten von uns, daß solch edle und uneigennützige Art den Wohlstand der Kolonie begründet.

Und noch etwas anderes dürfen wir nicht vergessen: die überaus sparsame und einfache Lebensweise der Menschen damals, besonders der Réfugiés. Der Arbeiter hatte wenig Bedürfnisse und wenig Ausgaben, sein Lohn war niedrig. Auch der Händler lebte bescheiden und war nicht auf große Gewinne angewiesen. Wir erinnern unsere Leser an das, was sie selbst noch als Kinder erlebten oder doch vom Hörensagen wissen: Mit ganz geringem Aufwand belieferten die großen und berühmten Handelshäuser unserer Vorfahren die Märkte. Meist legten sie ihre Wege zu Fuß zurück und waren so sparsam, daß man unsere Lebensweise heute – im Vergleich zu ihrer damals – als maßlosen Luxus bezeichnen könnte. Wir genießen heute viele Bequemlichkeiten, die wir nicht missen wollen. Unsere Handelskosten schmälern den Gewinn ganz erheblich, damals waren sie fast gleich Null. Unsere Vorfahren hatten ein gewisses Vermögen angesammelt, weil sie so sehr sparsam lebten und wirtschafteten, nicht aber, weil sie so geschäftstüchtig waren. Alte Bücher und Handelsregister haben uns Einzelheiten überliefert. Wie bescheiden waren diese ehrenhaften Bürger, wie unbedeutend ihre Geschäfte, wie gering der Gewinn, mit dem sie sich zufrieden gaben! So mancher wünscht sich heute ein großes Geschäft; so mancher ist eitel genug, als großer Geschäftsmann zu gelten; und so mancher muß erleben, wie sein Glück zerbricht. Wahrer Wohlstand aber wächst langsam, fast unmerklich.

Noch einen anderen Grund gibt es für die wirtschaftlichen Erfolge der Réfugiés. Es erscheint uns fast unnötig, ihn besonders zu nennen: die Rechtschaffenheit, die praktische, alltägliche Frömmigkeit und Gottesfurcht. Sie machten die Réfugiés vertrauenswürdig und verhalfen ihnen zu Krediten, die sie in ihre Arbeit einbringen konnten. Ihr Reden und Handeln orientierte sich an der Bi-

bel; was sie taten, das taten sie im Namen des Ewigen. Ihre Rechtschaffenheit war mehr als eine allgemeine Ehrenhaftigkeit; sie lag
vielmehr in ihrem Glauben begründet. Nach allerschlimmstem
Unglück erfreuten sie sich nun eines angenehmen und friedlichen
Lebens. Diese wunderbare Wendung erfüllte sie mit großer Dankbarkeit gegenüber Gott. Was sie erlebt hatten, gab ihnen Vertrauen. Sie verspürten etwas von einem gnädigen Willen, von se-
gensreichem Trost für die Mühseligen und Beladenen.

Wir wollen nicht versäumen, an dieser Stelle etwas aus einer
Predigt wiederzugeben, die M. Lullin hielt über die belohnte Gottesfurcht. Hier werden Lebensweise und Frömmigkeit, wie sie aus
der Bibel kommen, anschaulich beschrieben. Diese Predigt erinnert uns immer wieder an die Réfugiés:

»Der gute Haushalter ging, seine Ernte zu betrachten; immer
war er fromm und gottesfürchtig. Seine ersten Worte sind Segens-
worte, die an den wahren Ursprung unserer Güter erinnern und
uns vor Augen halten, wie sehr wir seiner Gnade bedürfen. ›Der
Ewige sei mit uns‹, rief er, und sofort antworteten ihm seine
Knechte und Mägde wie in einem heiligen Chor: ›Der Herr segne
dich!‹ Welche Erbauung, welch frommer und segenbringender
Brauch. Gottes heiliger Name war nun in aller Munde, das Feld
hallte wider von seinem Lob: Ihm zur Ehre ertönten Gesänge von
allen Seiten. Der Glaube heiligt alles; mit ihm wurde die Arbeit begonnen, mit ihm auch vollendet. Alle Menschen dort begegneten
sich, um sich Gutes im Namen Gottes zu wünschen. Und diese
Wünsche wurden noch viel mehr in der Zeit der Ernte. Die, die vor-
übergingen, segneten die Schnitter, und diese antworteten in gleicher Weise. So spricht der 119. Psalm, und so soll auch die Gottesfurcht unter den Menschen bestehen bleiben!«

Wenn nun im Lande viel Gutes und Neues hergestellt wird – wie
soll ein Herrscher den Handel lenken? Soll er ihn überhaupt lenken?

»Schützt uns und laßt uns gewähren«, sagte ein alter, erfahrener

Kaufmann zu dem französischen Minister Colbert, als man gemeinsam über das Wachstum von Herstellung und Handel beriet. Über dieses Wort ist seither viel nachgedacht worden – um so mehr, als der Kaufmann sich sonst in tiefes Schweigen hüllte. Nun ist ja der Wohlstand eines Landes eng mit seinem Handel verbunden, und so stellt sich die Frage: Kann eine weise Regierung den Handel ganz und gar der Intelligenz und der Tatkraft seiner Bürger überlassen? Gehört er nicht vielmehr zu dem einen großen Ganzen, dem auch noch andere Dinge im Staate dienen? Und weiter: Darf denn das Allgemeinwohl so sehr in die Hände von Privatpersonen gelegt werden? Selbst wenn der einzelne über seinen Gesichtskreis hinausdenkt, wird er das Allgemeinwohl im Auge haben und berücksichtigen? Kann jemand, der seine eigenen Interessen verfolgt, wirklich unterscheiden zwischen seinem Nutzen und dem allgemeinen Nutzen, auch wenn er die besten Absichten verfolgt? Bedenkt man dies alles, so ergibt sich, daß die Regierung doch mehr tun muß als schützen und gewähren lassen!

Es gibt noch einen anderen Gesichtspunkt. Der Handel ist zu einer politischen Angelegenheit zwischen den verschiedenen Staaten geworden, er ist Teil von Bündnis- und Friedensverträgen, und oft genug auch führte man seinetwegen Krieg. Es liegt also durchaus im Interesse der Regierungen, den Handel zu lenken. Manchmal müssen sie sich auch zu Opfern entschließen, damit das Land anderweitig Vorteile erhält oder damit bei anderen kein Neid aufkommt, der gefährlich werden könnte. Es gibt also politische Umstände, auf Grund derer sich die Interessen des einzelnen und die Interessen der Nation ausschließen. Und wenn dann die Regierung den einzelnen gewähren ließe, fügte dieser der Allgemeinheit Schaden zu.

Die Minister, die für den Handel zuständig sind, brauchen ein großes Wissen, und sie müssen ihre politischen Ziele unterscheiden können von den vielfältigen Interessen, die es in ihrem Lande gibt. Nichts ist schwerer, als genau den Punkt zu treffen, wo die

Autorität der Freiheit Grenzen setzt, setzen muß; denn die, die Manufakturen betreiben, sind schnell zu entmutigen, und in der Natur der Kaufleute liegt es wahrlich nicht, Opfer zu bringen! Dies von ihnen zu verlangen, hieße Gewalt anwenden. Wer das tut, muß für Ausgleich sorgen. So müssen die Gesetze, die eine Regierung erläßt, wohl den Handel lenken, aber ihn auch schützen.

So durfte auch Kurfürst Friedrich Wilhelm nicht nur schützen, er mußte auch lenken angesichts der Tatsache, daß so viele Réfugiés in sein Land kamen, deren Fleiß und Tatkraft ihm durchaus nützlich werden mußten. Er konnte nicht einfach die schon bestehenden Einrichtungen vermehren und verbessern und sie wiederum einzelnen überlassen; vielmehr mußte er Neues schaffen und den hiesigen Gegebenheiten anpassen. Was in Frankreich gut und nützlich war, mußte dies nicht auch für Brandenburg sein. Die Réfugiés kannten weder Land noch Leute und hatten deshalb Schwierigkeiten, sich einzurichten. Sie brachten ja nicht nur ihr Talent mit und ihren Fleiß, sondern auch ihre Arbeitsweise, ihre Gewohnheiten, sogar ihre Vorurteile. Dies alles prägte ihren Beruf und war nicht unbedingt geeignet, die neue Situation zu meistern. So konnte der Kurfürst gar nicht anders, als lenkend einzugreifen in Herstellung und Handel. Finanzielle Hilfe hatten die Réfugiés ja sowieso in ausreichendem Maße, damit sie solide Unternehmungen gründen konnten. Die Politik also, die Friedrich Wilhelm und seine Minister machten, war außerordentlich klug: Die Wohltaten, die sie dem einzelnen zukommen ließen, trugen gleichzeitig zum Allgemeinwohl bei.

Weinhandel und erste Zuckerherstellung

M. Chrétien Grand hat sich als Händler ein beträchtliches Vermögen erworben, dessen er sich als durchaus würdig erwies durch die Art, wie er es nutzte. Oft erzählte er uns von den vielen Waren, die er ausführte, vor allem nach Böhmen. Es erwies sich als richtig: Ein Zwischenhandel, vernünftig betrieben und behutsam gelenkt von der Regierung, kann nur vorteilhaft sein für alle, für das Land und für den einzelnen.

Heute machen die französischen Weine einen großen Teil der Waren aus, die die Lebensmittelhändler verkaufen. Bevor die Réfugiés kamen, kannte man hier diese Weine kaum. Die wenigen Weine, die es gab, waren Rheinweine. Ihr Preis stand in keinem Verhältnis zu ihrer Beliebtheit, und ihre Qualität war mit der französischer Weine nicht zu vergleichen. Übrigens konnten sich französische Gaumen auch auf die Dauer weder an Rheinweine noch an Weine aus der Umgebung Berlins gewöhnen. Folgende Anekdote zeigt das: Einst hatte der Große Kurfürst einen Réfugié, nun Offizier der Mark, an seiner Tafel zu sitzen und sagte, er wolle seinem Gast den Potsdamer Wein zu kosten geben. »Verflixt«, rief der Offizier mit dem ganzen Temperament eines Franzosen, »Monseigneur, da müssen ja alle Drosseln in den Weinstöcken an Magenkrämpfen krepiert sein!«

Dabei sind die Weine von Potsdam und Werder nicht schlecht. Wenn man Anbau, Pflege und Zubereitung verbesserte, könnte man ihre Qualität sicherlich noch steigern; daran wird zur Zeit gearbeitet. Diese Weine exportiert man sogar. Es heißt, sie lassen sich gut mit ausländischen Weinen mischen.

Da viele Réfugiés Verbindung zu ihrem Vaterland gehalten hatten, konnten sie französische Weine importieren. Diese ersetzten allmählich die Rheinweine, die spanischen und ungarischen Weine, die überdies viel teurer waren; so stellte sich nach und nach auch die einheimische Bevölkerung um. Manche Réfugiés, die aus fruchtbaren Weingegenden stammten, konnten auf diese Weise ihr Vermögen wiedergewinnen, das sie einst verloren hatten. Verwandte und treue Freunde, die in der Heimat zurückgeblieben waren, schickten ihnen Wein; damit wurden diese Réfugiés für ihre großen Verluste entschädigt und erhielten oftmals den

Wert des Vermögens nachgeliefert, das in Frankreich geblieben war.

M. Antoine Palmié aus Caussade gehörte zu denen, die als erste den Weinhandel mit Frankreich aufnahmen. Schon vorher führte er eine Apotheke und verband nun beides miteinander; dabei nutzte ihm die Verbindung mit einem Bruder, der in Frankreich geblieben war. Sein Neffe und Schwiegersohn M. Jean Michel Palmié weitete den Weinhandel aus und verdiente daran so gut, daß er schließlich auf die Apotheke verzichtete. Er ließ seine Weine nicht mehr über Hamburg, sondern über Stettin kommen, denn der Wasserweg über die Oderkanäle senkte die Transportkosten. Daß diese Stadt heute ein Umschlagplatz für französische Weine ist, hat sie M. Palmié zu verdanken. Männer wie M. Gillet aus der Champagne und M. Grand aus Grenoble begannen ebenfalls einen Weinhandel über Stettin. So wurden von hier aus benachbarte Territorien und auch Länder im Norden mit Wein versorgt. Diese Unternehmungen ließen sich so gut an, daß viele andere Händler dem Beispiel folgten. In Berlin und überall im Lande stieg die Zahl der Weinhändler – und die Nachfrage nach Wein!

In den Kanzleiakten des Jahres 1689 konnten wir einige Einzelheiten nachlesen; und zwar handelt es sich um Verhandlungen, die der Hof mit M. Bernard Chrétien Woldenberg führte, einem Réfugié aus Nantes; dieser wollte bestimmte Vergünstigungen zugestanden haben, um einen ausgedehnten Handel mit französischen Weinen beginnen zu können. Offensichtlich gab es einige Schwierigkeiten bei diesem Vorhaben, denn damals war der Genuß von Wein noch nicht zur allgemeinen Gewohnheit geworden.

Derselbe M. Woldenberg war noch anderweitig tätig und zwar mit einem wichtigen Vorhaben, das wir eigentlich im Zusammenhang mit den Manufakturen hätten erwähnen müssen. Er wollte eine Zucker-Raffinerie einrichten und hatte dabei zweifellos Bordeaux, La Rochelle, Nantes usw. vor Augen, wo es bereits solche Raffinerien gab. Man muß den Réfugiés zugestehen, daß sie die ersten waren, die solche Pläne hegten. Aber die Zeit war noch nicht reif, so daß die Regierung damals keine Unterstützung geben konnte.

Statt mit Zucker süßte man damals mit Honig. Und der Kaffee, zu dem wir heute Riesenmengen Zucker konsumieren, war damals ein ausgefallener Luxusartikel. Noch um die Wende zum 18. Jahrhundert kannte man nur den Schluck Kaffee am Morgen, und selbst der war so teuer, daß die meisten Menschen ihn sich nicht leisten konnten: Ein Pfund kostete einen Taler! Ganz kleine japanische Täßchen, die es noch in einigen alten Häusern von Réfugiés gibt, und auch Erzählungen unserer ältesten Kolonisten bezeugen, wie unendlich kostbar dieses Getränk einst war – was ja heute nicht mehr der Fall ist.

Jedenfalls lagen die Dinge damals so, daß die Regierung Pläne für die Einrichtung einer Rohrzucker-Raffinerie noch nicht unterstützen konnte. Dies tat sie erst 1725, als man allenthalben von der Nützlichkeit solcher Vorhaben überzeugt war. Die Herren Vigne, Naudy und Gauvin – letzterer war Direktor der französischen Kolonie in Stettin – schlossen sich zusammen, um eine Raffinerie in Stettin einzurichten. Ganz sicherlich hätten sie auch Erfolg gehabt, wären sie nicht im Streit auseinandergegangen. Die Affäre erregte damals großes Aufsehen und ließ Dinge an die Öffentlichkeit treten, die bis heute nicht in Vergessenheit geraten sind – leider. Erst während der Regierungszeit Friedrichs II. konnte durch die Herren Splittgerber und Daum ein solches Unternehmen gegründet werden, und zwar mit dem allergrößten Erfolg. Ihre Raffinerie lieferte so viel Zucker, daß damit ein großer Teil des Verbrauchs im Lande abgedeckt wurde, und viele Menschen standen bei ihnen in Lohn und Brot.

Je mehr und je besser die Réfugiés produzierten, desto größer war die Nachfrage, auch im Ausland. Der Handel mit Polen, Rußland und den Ländern des Nordens kam in Gang und entwickelte sich gut. Handelshäuser wurden in Kopenhagen, Hamburg und Danzig gegründet, und so erhielten die Réfugiés in Brandenburg Gelegenheit, wichtige Geschäftsverbindungen anzuknüpfen. Den Herstellern und Händlern war dabei eine Einrichtung, die die Regierung unterstützte, sehr nützlich: das Lombardgeschäft. Es stellte Mittel zur Verfügung, um Produktion und Handel zu fördern, und den Handwerkern verhalf es zu neuen Absatzmöglichkeiten.

Mit der Frage der Zinsen und des Wuchers haben sich die Juristen und Theologen immer wieder beschäftigt; aber erst in unserem Jahrhundert begann man, einigermaßen sachlich darüber zu verhandeln. Das kanonische Recht und die Konzilien verdammten das Zinsgeschäft mit der Begründung, es widerspreche den Prinzipien der Moral und des Christentums. Sie stützten sich dabei auf das mosaische Gesetz, das den Israeliten in der Tat verbietet, von ihren Glaubensgenossen Zinsen zu nehmen.

Hat man denn nicht gesehen, daß dieses Gesetz in jeder Beziehung zeit- und ortsgebunden war, genau wie andere Gesetze auch? Hat man denn nicht erkannt, daß es unsinnig ist, dieses Gesetz auf die staatlichen Verfassungen von heute anwenden zu wollen? Es ist doch offensichtlich, daß Mose sich damals einem Volk gegenübersah, das in naturalwirtschaftlichen, in bäuerlichen Verhältnissen lebte, das aber kein Volk von Kaufleuten war. Einige Gesetze zeigen sogar deutlich, daß er gar keine Kaufleute im Volk wollte. Ein Israelit borgte nicht, um sich einen Fonds für ein Handelsunternehmen anzulegen, sondern weil er arm war und weil ihm die allernötigsten Dinge zum Leben fehlten. In seiner Verzweiflung wandte er sich an seinen Nächsten, der mehr hatte als er selbst. Wenn der aushalf und ihm etwas lieh, beging er eine Tat der

Barmherzigkeit; Zinsen dafür zu nehmen wäre unbarmherzig gewesen und hätte den Armen zugrunde gerichtet, statt ihm zu helfen.

Von Fremden aber durfte der Israelit Zinsen verlangen, so sah es das mosaische Gesetz vor. Und in der Tat wäre es unverständlich gewesen, wenn die Israeliten den phönizischen Kaufleuten ihr Geld zur Verfügung gestellt hätten, ohne Zinsen dafür zu bekommen – entweder als Gewinnanteil oder als Entschädigung für das Risiko, das sie eingegangen waren.

Die Christen wandten also die mosaischen Gesetze unsinnigerweise in einer Zeit an, die von der des Alten Testaments ganz und gar verschieden war; damit nahmen sie sich die Möglichkeit, einen blühenden Handel zu entwickeln. Die Juden dagegen beriefen sich auf dasselbe Gesetz und nahmen Zinsen, auf die sie nicht verzichten konnten; so kam es, daß sie zu Wucherern wurden. Ihr Interesse an diesem Geschäft stieg, je schwieriger es wurde, Geldverleiher zu finden. Mit dem Geld verhält es sich wie mit den Nahrungsmitteln: Je weniger davon vorhanden ist, desto höher steigen sie im Wert!

Der Handel, der in Italien zur Zeit der Kreuzzüge blühte, mußte das Zinsverbot mehr als einmal übertreten. Unsinnige und ungerechte Gesetze werden niemals streng befolgt! Die Italiener, die nach Frankreich kamen und dort Banken gründeten, nannte man »Lombarden«; eine Straße in Paris, wo sie ansässig waren, trägt noch heute ihren Namen. Es ist wahrscheinlich, daß diese Italiener Zinsen verlangten, allerdings hatten sie dazu keine offizielle Erlaubnis der Regierung. Ein ganzes Heer von Rechtsgelehrten und Theologen hatte man konsultieren müssen, bis der Papst und die Konzilien endlich einlenkten und wenigstens den Leihhäusern ihre Zustimmung gaben. Dort können Arme umsonst leihen, von anderen werden geringe Zinsen erhoben. Wer leiht, muß einen entsprechenden Gegenstand als Pfand zur Verfügung stellen.

Der italienische Rechtsgelehrte M. Cerretti veröffentlichte

Mitte des 18. Jahrhunderts eine Abhandlung über Leihhäuser. Sie gehen bis ins 15. Jahrhundert zurück und galten als mildtätige Einrichtungen. Mit großem Eifer beriet das V. Laterankonzil, bis es schließlich 1517 in einem Dekret die offizielle Erlaubnis gab. M. Cerretti unterscheidet zwischen Leihhäusern und Lombardbanken; die Leihhäuser, die in der ersten Zeit nur von der Kirche betrieben wurden, beurteilt er als Einrichtungen der allgemeinen Wohlfahrt und Mildtätigkeit gegenüber den Armen, die Lombardbanken aber als Gewinnunternehmungen. In Frankreich bestätigte Ludwig XIII. die drei schon vorhandenen Leihhäuser und beschloß, noch weitere einzurichten. Ludwig XIV. bestätigte diesen Beschluß, vor allem für Paris, aber er verwirklichte ihn nicht konsequent.

Lombardbanken gab es schon lange in Holland, und täglich machte man dort die Erfahrung, wie vorteilhaft diese Einrichtungen für den Handel sind. Die Lombardbank, die in Berlin gegründet wurde, hatte Amsterdam zum Vorbild. Wer Geld brauchte, konnte es dort leihen, er mußte Sicherheiten bieten und einen Zinsfuß zahlen, den die Regierung festgesetzt hatte. Die Holländer nannten diese Bank »Bank van leeningen«, das heißt Leihbank.

Schon bald, nachdem die ersten Réfugiés eingewandert waren, bemühte sich der kurfürstliche Hof um eine Möglichkeit der Geldverleihung, die für Berlin angemessen schien; ja, der Hof beabsichtigte sogar, sie größer einzurichten als in Holland. Aus dem Jahre 1681 existiert eine Konzession auf den Namen M. Pierre Vouchard; der Hof übertrug ihm die Einrichtung von Banken in den größten Städten des Landes. Dieser Auftrag ging dann auf seinen Sohn über, nachdem er selber von Bauern auf einer Reise in die Schweiz getötet worden war. Im Jahre 1692 nahm der Plan konkrete Gestalt an: Die Bank von Berlin fing an, gut zu arbeiten, sie war solide und vergrößerte sich und war erheblich beteiligt am Fortschritt der Manufakturen. Die Leitung wurde nun einem Réfugié aus Paris übertragen, und zwar M. Nicolas Gauguet, und am

29. April veröffentlichte der Hof Einzelheiten zu dieser Einrichtung.

Die Bank unterstand der Rechtsprechung und der finanziellen Aufsicht der französischen Kolonie. Die Herren de Trenoit und Maillette waren eigens mit der Überwachung von Herstellung und Handel betraut. Der Hof stellte denen, die die Bank betrieben, jährlich hundertzwanzig Ecus für die Miete zur Verfügung. Immer waren es ehrenhafte und angesehene Familien, die dieses Haus führten. Bis heute ist es ein blühendes Unternehmen; Namen wie Humbert und Palmié sind mit ihm verbunden.

Ein Vorfall sei unseren Lesern ins Gedächtnis gerufen: 1740 wurde M. Jean Palmié und seinen Nachkommen das Recht bestätigt, dieses Haus führen zu dürfen. Nach seinem Tode ging das Recht auf seine Tochter über. Diese ehrenwerte Frau lebt noch heute unter uns; vor einigen Jahren konnte sie mit Genugtuung erleben, wie ihre und ihrer Nachkommen Rechte gegen jüdische Ansprüche aufrechterhalten wurden. Einige Berliner Juden hatten nämlich versucht, einen Teil der Bankverwaltung an sich zu bringen; und um ihr Ziel schneller zu erreichen, hatten sie jährliche Zahlungen für die Armen angeboten. Der König, dem man diese Angelegenheit vortrug, entschied ohne Zögern zugunsten der Nachkommen der Réfugiés: Sie sollten weiterhin die Rechte und Privilegien genießen, die der Hof einst ihren Vorfahren zugesprochen hatte; insbesondere sollte das Recht, die Bank zu führen, weiterhin den französischen Familien gelten, die es einst erworben hatten.

Die Kabinettsorder vom 5. Oktober 1781 lautet: Der König sei weit davon entfernt, einen Übergriff auf die Rechte seiner Untertanen, besonders der Réfugiés, zu gestatten; er habe seinem höchsten Finanzdirektor befohlen, er möge darüber wachen, daß die Führung der Banken von Berlin und Halle immer der französischen Kolonie obliege und niemals auf andere überginge. In der freien und rechtmäßigen Ausübung des Bankgeschäftes sollten die Réfugiés weder belästigt noch behindert werden; sein Wille sei es, daß die mit dem Privileg beschenkten Familien dies in Frieden und ohne Unterbrechung genießen könnten.

1715 wurde die Bank von Halle zu den gleichen Bedingungen gegründet wie die von Berlin. Auch für Halberstadt bestand ein solcher Plan, gelangte aber nicht zur Ausführung. Die Banken sind nicht nur insofern nützliche Einrichtungen, als sie Geld für mancherlei Unternehmungen verleihen; sie bieten auch Einzelpersonen die Möglichkeit, Geld sicher zu deponieren und es zu einem redlichen Zinswert anzulegen. Früher haben die Banken auch Stellen für Arbeiter, Lehrlinge und Hausangestellte vermittelt, was nun von dem allgemeinen Adreßbüro getan werden soll.

11.
Französische Militärs in kurfürstlichen Diensten

Preußens Rolle in der deutschen und europäischen Geschichte ist ohne ein starkes Militär nicht vorstellbar. Aus den bitteren Erfahrungen des Dreißigjährigen Krieges hat Kurfürst Friedrich Wilhelm gelernt, so daß er als erster deutscher Fürst die Notwendigkeit sah, über ein stehendes Heer zu verfügen. Im Rahmen seiner beschränkten Möglichkeiten leitete er die erforderlichen Schritte ein. Französische Offiziere, die meisten aus den Kreisen der Réfugiés, halfen ihm dabei. Immerhin umfaßte das stehende Heer im Jahre 1688, dem Todesjahr Friedrich Wilhelms, 31 000 Mann.

Französische Namen spielten in der preußisch-deutschen Militärgeschichte bis in unser Jahrhundert eine wichtige Rolle.

Das folgende Kapitel schildert die Anfänge des preußischen Militärwesens.

Schon lange vor dem Widerruf des Ediktes von Nantes kamen ausländische, vor allem französische Offiziere nach Brandenburg-Preußen. Die Beförderungsliste beginnt mit dem Jahre 1656 und enthält vor dem Jahr des Potsdamer Ediktes sieben Namen: Brunel (1656), François Ruelle (1666), Simon de Bolzei (1666), der Graf von Cominge (1668), Jean Théodore de Mortaigue (1675), der Graf von Cadal (1677), der Graf von Gressy (1684). Diese beträchtliche Zahl avancierter Offiziere läßt vermuten, daß auch viele Soldaten niederer Dienstgrade sich vor 1685 einfanden.

Man nahm an, daß während der Regierungszeit Friedrich Wilhelms etwa fünfhundert protestantische Offiziere aus Frankreich nach Brandenburg-Preußen kamen. Aufgrund unserer Nachforschungen können wir aber annehmen, daß es weit mehr waren. Die Einwandererliste, die der kurfürstliche Gesandte in Frankfurt am Main, M. Mérian, 1686 an den Hof sandte, enthielt etwa zweihundert entsprechende Namen. Und dabei handelte es sich hier lediglich um eine der drei wichtigsten Routen, die das Potsdamer Edikt den Réfugiés genannt hatte. Von allen Réfugiés aber, die in das Land des Kurfürsten kamen, machten die, die über Frankfurt reisten, nicht ein Drittel aus, sondern erheblich weniger.

Damals wurde das Denken in militärischen Kategorien zum Prinzip der preußischen Regierung. Und dieses Denken wurde immer notwendiger, denn die Stärke, mit der das Land sich allmählich hervortat, galt es zu erhalten und zu vermehren, ebenso seine Rechte, die ihm mächtige und eifersüchtige Nachbarn des öfteren streitig machten. Der Große Kurfürst konnte sich also glücklich schätzen, eine so große Zahl von Offizieren zu gewinnen. Manche hatten bereits als ranghohe Offiziere Dienst getan, und ihnen allen gehörte der Ruhm eines tapferen Volkes, das sich seinen Herrschern als treu und in der Kriegskunst allen anderen als überlegen erwiesen hatte. Das Refuge und die glanzvollsten Feldzüge der Franzosen gehören derselben Epoche an; Talent, Kenntnis und Unerschrockenheit brachten die Réfugiés mit; und ihr Weg ins Exil bewies dies eindeutig: Sie flohen aus ihrem Vaterland, sie verzichteten auf ihr Vermögen, sie mißachteten die größten Gefahren und überwanden Hindernisse, die die Tyrannei ihnen entgegenstellte. So zeigten sie, treu ihrer Pflicht, welcher Opfer sie fähig waren.

Wie konnte Friedrich Wilhelm gegenüber den französischen Militärs seinen Verpflichtungen nachkommen, die er durch seine Einladung übernommen hatte? Wie konnte er eine so große Zahl von Ausländern in seiner damals noch kleinen Armee unterbringen? Immerhin hatte er doch in der Zeit davor schon viele aufgenommen; immerhin gab es doch auch in seinem Land einen gar nicht so kleinen Adelsstand, der ihm alle nötigen Offiziere stellen

146

konnte. Gerade eben erst hatte sein Genie das Land von den Trüm-
mern befreit; noch war er dabei, den Boden vorzubereiten, der den
Reichtum erst hervorbringen sollte; alle seine Einkünfte brauchte
er, denn die vom Dreißigjährigen Krieg zerstörten Städte und Dörfer mußten wieder aufgebaut werden; Ackerbau und Handel mußten wieder belebt, das Handwerk ermutigt und unterstützt werden; den Manufakturen mußten Anreize und dem Handel Vorauszahlungen gegeben werden; die Alten und Schwachen schließlich
brauchten Hilfe. Wie konnte er unter diesen Umständen an eine
Vergrößerung seiner Armee denken? Lud er sich damit nicht eine
viel zu schwere Last auf? Und verstreute er nicht mit der einen
Hand, was er mit der anderen sammelte? Aber machen wir nicht
oft die Erfahrung, daß die Güte, die ein klares Ziel vor Augen hat,
oft auf scheinbar unüberwindliche Schwierigkeiten stößt?

Unerschrocken trat Kurfürst Friedrich Wilhelm den Schwierigkeiten entgegen – und meisterte sie; niemanden enttäuschte er,
dem er eine neue Heimat versprochen hatte. Keinen Augenblick
zögerte er, seine Armee zu vergrößern. Er sah voraus, daß die Einkünfte wachsen würden, denn der Ackerbau machte Fortschritte,
die Réfugiés hatten eine Anzahl von Manufakturen eingerichtet,
und der Handel mußte sich ausbreiten. Also schuf er einige Regimenter neu, andere vergrößerte er und stellte auf diese Weise viele
Offiziere ein, die zu den Réfugiés gehörten und ihm ihre Dienste
anboten. Er teilte sie vorzugsweise solchen Regimentern zu, deren
Oberbefehlshaber Franzosen waren oder wenigstens französisch
sprachen – eine Maßnahme, die ihm zur Ehre gereicht und die sowohl seine Weisheit wie seine Güte beweist.

Diese Ausländer spürten den Verlust des Vaterlandes viel weniger als die anderen. Viele französische Offiziere kamen in das In-
fanterie- und Kavallerie-Regiment, die beide von Briquemault
kommandiert wurden; dieser berühmte und geachtete Name
klang in den Ohren der Réfugiés wie eine Fanfare. Er war ein wür-
diger Nachfahre derer, die ihre Tapferkeit und ihren Glaubenseifer

bewiesen hatten. 1686 wurde das Kürassier-Regiment Brique-mault um vier Schwadronen vergrößert, vorher hatte es im ganzen sechs umfaßt. Alle Offiziere, die bei dieser Gelegenheit dazukamen, waren Réfugiés. Da Briquemault sein Gouvernement in Westfalen hatte, setzten sich viele französische Offiziere dort fest. Unter diesem General bildeten sich Persönlichkeiten heraus, die gleicher Ehre würdig sind und die zum Ruhme der Réfugiés beitrugen. Beaufort und du Buisson beispielsweise erhielten später Generalsrang; damals dienten sie noch in niederen Rängen.

Allerdings war es nicht immer möglich, nach dem Geschmack und den Bedürfnissen der Réfugiés zu handeln. Mehr als einmal beklagten sich französische Offiziere, wieviel Ungemach sie erlitten in Garnisonen, wo die französische Sprache ganz und gar unbekannt sei. Zwar waren zur Zeit des Refuge verschiedene Einheiten neu aufgestellt worden; sie reichten aber keineswegs aus, denn das Potsdamer Edikt hatte viel mehr Offiziere an die Großzügigkeit des Kurfürsten gewiesen. Um deren Hoffnungen nicht zu enttäuschen, brauchte es noch ganz andere Möglichkeiten – und der Kurfürst fand sie!

Die Offiziere, die zu alt waren, um noch zu dienen, oder deren Dienstgrad zu hoch war für jedes beliebige Regiment, erhielten eine durchaus angemessene Besoldung, eine bessere als in ihrem Heimatland. Außerdem durften sie sich eine Stadt oder ein Dorf als Wohnsitz aussuchen, wo es französische Kolonien gab. Wer in Frankreich Regimentskommandeur gewesen war und den Dienst noch vor der Auswanderung quittiert hatte, erhielt in Berlin eine Pension von fünfhundert Ecus und den Bestallungsbrief als Generalmajor. Den Älteren wurde ein Gouvernement zugeteilt; so kam es, daß Generalmajor de Streif Kommandeur von Frankfurt/Oder war.

Auch solche, die für keinen Militärdienst mehr taugten, waren nicht zur Nutzlosigkeit und zum Nichtstun verurteilt, denn eine gute Regierung weiß alle ihre Bürger zu gebrauchen; und der gute

Bürger macht sich Vorwürfe, wenn er seinem Vaterland nicht nützlich sein könnte. Der zehnte Artikel des Potsdamer Ediktes verfügte, daß in allen französischen Kolonien bestimmte Personen auszuwählen seien. Diese sollten die Interessen der Réfugiés vertreten, die Ankömmlinge beraten, Streitigkeiten schlichten und so den Geist des Friedens und der Brüderlichkeit innerhalb der Kolonien erhalten. Mit diesen Aufgaben betraute der Hof fähige Réfugiés mit hohem Offiziersrang. Ihre Herkunft, ihre vormaligen Verdienste und vor allem ihr Glaube, dem sie so vieles geopfert hatten, verschaffte ihnen in den Kolonien großes Ansehen. Sie haben wesentlich dazu beigetragen, daß gute Eigenschaften nicht verlorengingen – Eigenschaften, durch die die Kolonien weiterlebten und mehr noch: durch die sie aufblühten.

Aber der Kurfürst dachte nicht nur an die älteren Offiziere, denen Frankreich viel schuldig war, er sorgte auch für die ganz jungen. Fast noch Kinder, kamen sie mit ihren Eltern, boten ihm ihre Dienste an, baten um Asyl und um ein besseres Vaterland.

Eine nennenswerte Zahl junger Adliger und Kadetten kam erst nach dem Widerruf des Ediktes von Nantes nach Brandenburg-Preußen. Es ist ja bekannt, daß die Intoleranz besonders ausgeklügelte Methoden anwandte: Um die Kinder der katholischen Religion zuzuführen, nahm man sie ihren Eltern weg. Und so erlitten viele Eltern die Pein, von dem getrennt zu sein, was ihnen – nach der Glaubensfreiheit – das Kostbarste auf der Welt war.

Viele Eltern beugten sich der Härte der Anordnungen nicht und ließen sich von der Grausamkeit der angedrohten Strafen nicht schrecken, sondern schickten ihre Kinder außer Landes. Auf diese Weise trennten sie sich kurze Zeit von ihnen, um dann um so leichter folgen zu können. Zuweilen gelang es auch den Kindern zu entkommen, nachdem man sie ihren Eltern entrissen und unter Bewachung gestellt hatte. Diese Kinder hatten weniger die Übel der Intoleranz selbst erlitten, sie waren vor allem Zeuge der unerschütterlichen Standhaftigkeit ihrer Eltern gewesen. Sosehr diese

Kinder die Religion ihres Elternhauses liebten, so sehr lernten sie die Religion ihrer Bekehrer hassen. Die Stifte, in die man sie einschloß, waren wie Gefängnisse. Aber das Verlangen nach Freiheit wuchs, als man sie ihnen nahm. »Sie entwichen durch Fenster, sprangen über Zäune, erlitten tausend Übel, ohne sich anzupassen. Ihre sicheren und klugen Antworten setzten Gelehrte und Prälaten in Erstaunen. Zehn- bis zwölfjährige Kinder gaben tausend solcher Beispiele, und manche Mutproben hätten Dreißigjährige nicht bestanden« – so berichtet der Historiker Benoit.

Einem ganz besonderen Umstand war es zu verdanken, daß so viele junge Militärs nach Berlin kamen und daß sich so die Weisheit und Güte des Kurfürsten von neuem zeigen konnte. 1682 hatte Louvois, den man durchaus als Schöpfer des französischen Militärs ansehen kann, die berühmten Kadettenkompanien aufgestellt; sie waren für ganz Europa beispielhaft. Den Söhnen so mancher Adliger und ehemaliger Offiziere, die zwar eine gute Herkunft, aber kein Vermögen aufweisen konnten, bot der Militärdienst die besten Aussichten. In den Kadettenkompanien erhielten sie eine umfassende praktische Ausbildung und gründliche militärische Kenntnisse – beides brauchte ihr Staat dringend. Dann dienten sie zusammen mit den niederen Dienstgraden bei Infanterie oder Kavallerie. Zweifellos ist es diese ausgezeichnete Schule gewesen, der das französische Militär so viele fähige Offiziere verdankte und eine bewundernswerte Disziplin – eine Disziplin, die nur noch vom preußischen Militär übertroffen wurde! Die ersten Akademien richtete Louvois in Tournay und in Metz ein; und als diese sich bewährten, folgten weitere in Straßburg, Brisach, Besançon und anderen Grenzstädten. Von da aus war es für die Kadetten ein leichtes, in die kurfürstlichen Lande zu gelangen.

Dem Kurfürsten waren diese jungen Leute willkommen; in bestimmter Hinsicht fand er sie sogar brauchbarer als die älteren Offiziere, die bereits in Frankreich gedient hatten. Die Jungen nämlich wurden schon in seinem Land erzogen, sie lernten die Sprache und gewöhnten sich besser an die Landesbräuche und an das Klima. Er konnte sie unterschiedslos allen Einheiten zuteilen. Im Monat erhielten sie vier und einen halben Ecus. Ganze Kompanien entstanden, ähnlich wie der Prinz von Oranien sie für Holland aufgestellt hatte: zwei in Brandenburg unter Cournuaud, eine in Lippstadt unter Briquemault, eine vierte unter Varennes. Später fanden dann noch Umstrukturierungen statt.

Für den jungen Adel, der sich bis heute dem Waffendienst verschreibt, schuf der Große Kurfürst die allerersten Einrichtungen und legte damit seinen Nachfolgern solide Fundamente, auf denen sie aufbauen. Als die preußische Monarchie an Ausdehnung und an Bedeutung gewinnt, werden eben diese Einrichtungen um so wichtiger für sie. Der militärische Geist, der in ihnen herrscht, ist großartig und kraftvoll. Der erste Plan zu diesen Ausbildungsstätten tapferer Offiziere ist den Réfugiés zu verdanken; und zwischen ihnen und den militärischen Einrichtungen gibt es bis heute vielfältige Verbindungen. Die Kadettenkompanien entsprachen ganz und gar den Erwartungen, die ihr Gründer Friedrich Wilhelm in sie gesetzt hatte. Frankreich hatte mit seinen Feldherren großen Ruhm erworben, und auch unter der Regierung Friedrichs I. erwiesen sich die französischen Offiziere dieses Ruhmes durchaus würdig. Jedesmal zeichneten sie sich aus, wenn sie zum Kampf für ihr neues Vaterland gerufen wurden.

Ein Name muß in diesem Kapitel besonders genannt werden: Marschall Schomberg. Der Glanz dieses Namens strahlte auf jede Einrichtung der Réfugiés. Er verschaffte ihnen, besonders den Militärs, noch bessere Bedingungen. Nach seinem Rat und nach seinen Plänen half der Kurfürst vielen bewährten Offizieren, die noch nicht untergekommen waren. Ein ehrenvoller Dienst wurde für sie gefunden, bis die Armee sie aufnehmen konnte.

Die Art und Weise, wie der Große Kurfürst die vielen Unglücklichen bei sich aufnahm, machte ihn in ganz Europa bekannt. Nicht nur aus Frankreich kamen die Opfer der Intoleranz, um Asyl bei

Le Maréchal de Schomberg présente au Grand Électeur les Militaires Français

Bildnis von Pastor Henri Arnaud, Führer der Waldenser

◄ »Marschall Schomberg stellt dem Großen Kurfürsten französische Militärs vor.« Stich von Chodowiecki

◀ Medaille zum hundertjährigen Bestehen der Französischen Kirche zu Berlin am 10. Juni 1772.

1. Die eine Gestalt (stehend) stellt den Glauben dar (la foi); die andere (sitzend, mit zwei Kindern, in der Hand einen ovalen Schild mit einem Tempel) die Liebe (la charité). Die Umschrift heißt: »ASYLE OUVERT À LA FOI PAR LA CHARITÉ / Le X JUIN MDCLXXII« (Dem Glauben wurde durch die Liebe eine Zufluchtsstätte geöffnet / 10. Juni 1672)

2.

L'EGLISE
FRANÇOISE
FONDÉE A BERLIN
PAR LE GRAND ELECTEUR
CELEBRE SON JUBILÉ
SOUS LE REGNE
DE
FREDERIC LE GRAND
LE X JUIN
MDCCLXXII

(Die vom Großen Kurfürsten in Berlin gegründete Französische Kirche feiert ihr Jubiläum unter der Regierung Friedrichs des Großen / 10. Juni 1772)

Chodowiecki hat diese Medaille entworfen; sie wurde für zwei Taler und zwei Groschen verkauft, der Erlös kam den Armen der Kirche zugute. Die Münze der DDR nimmt zum Herbst 1985 eine Neuprägung dieser Medaille vor, nachdem sich in der zerbombten Friedrichstadtkirche ein alter, beschädigter Prägestock fand.

ihm zu finden, sondern auch aus den Ländern, in die sie zuerst geflohen waren.

Um die vielen Militärs, die mit großen Hoffnungen nach Berlin gekommen waren, nicht zu enttäuschen, griff der Kurfürst eine

Idee Schombergs auf, nämlich eine Abteilung zu schaffen, die nur aus Edelleuten bestand – so wie der König von Frankreich sie in seinen Musketieren besaß. Ursprünglich hatten die Musketiere zur Infanterie gehört und erhielten ihre Namen nach dem Feuergewehr, das sie trugen, mousquet, Muskete. Ludwig XIII. hatte 1622 die erste Kompanie der berittenen Musketiere aufstellen lassen. Sie trugen goldene Tressen, ihre Pferde waren normalerweise grau. Die zweite Kompanie trug silberne Tressen und war nur ausnahmsweise beritten. Sie gehörte ursprünglich dem französischen Kardinal Richelieu.

Sowohl Protestanten wie Katholiken waren zu beiden Einheiten zugelassen – bis zu dem Zeitpunkt, als der Hof die Zerstörung der reformierten Kirchgebäude beschloß. Und nun, als man dem falschen Eifer der Intoleranz Tür und Tor geöffnet hatte, suchte man schnell einen Vorwand, die Reformierten auszuschließen. Der Historiker Benoit berichtet folgende Geschichte: Vor dem Widerruf des Ediktes von Nantes hielt die Pariser Gemeinde ihre Gottesdienste im Tempel von Charenton bei Paris. Sie hatte einen berühmten Prediger, Alexander Morus. Seine brillante, aber wenig seriöse Redegabe traf genau den verirrten Zeitgeschmack und bestätigte ihn. Auch sonst verhielt sich Morus recht unvernünftig. Deshalb sah sich das Consistoire gezwungen, ihm die Ausübung seines Amtes zu untersagen; er sollte sich zunächst erst einmal verantworten.

Diese Angelegenheit verursachte Unruhe in der Gemeinde, denn Morus hatte viele Freunde. Die Gemüter erhitzten sich und stritten für Morus. Einige junge Musketiere setzten sich an die Spitze der aufgeregten Menge. Eines Sonntags, als Morus hätte predigen sollen, versperrten sie alle Zugänge zur Kanzel. Inzwischen war ein anderer Geistlicher mit der Predigt beauftragt worden, aber den stieß man zurück und wollte Morus holen, um ihn auf die Kanzel zu heben. Schließlich gelang es einigen Personen von Rang und Namen, die Musketiere zum Rückzug zu bewegen und so diesem skandalösen Treiben ein Ende zu bereiten. Der Hof benutzte dieses Geschehen als Vorwand und entließ alle Reformierten unter den Musketieren, nahm auch keine neuen mehr auf.

1687 stellte Friedrich Wilhelm zwei Kompanien von Musketieren als Infanterie auf, die nur aus Réfugiés bestanden. Dadurch erinnerte er sie an ihre Heimat, band sie aber auch an ihr jetziges Vaterland, das sie der Güte ihres neuen Herrschers verdankten. Zu diesen zwei Kompanien kam noch eine dritte von deutschen Musketieren hinzu, die Herr von Natzmer befehligte.

Die beiden französischen Kompanien bestanden jeweils aus sechzig Mann. Um aufgenommen zu werden, mußte man adlig sein und vorher in Frankreich gedient haben. Diese Musketiere hießen »Grands Mousquetaires« (Große Musketiere) und hatten alle den Rang eines Leutnants in der Armee, die kommandierenden Offiziere einen entsprechend höheren Rang. Ihre Uniformen waren sehr schön: scharlachrot, überall goldene Tressen, auch auf Armen und Schultern. Auf dem Hut trugen sie braune und weiße Federn, die Pistolentaschen waren mit Gold überzogen. Ihr Sold betrug zehn Taler im Monat. Außerdem erhielten jeweils drei zusammen vier Taler für einen Burschen, der ihnen zur Verfügung stand. So bezahlte der Kurfürst für jeden einzelnen Musketier elf Taler und acht Groschen monatlich. Das war durchaus nicht wenig, gemessen an den damaligen Lebenshaltungskosten. Seitdem haben sich die Preise mindestens verdreifacht.

Die erste Kompanie der Großen Musketiere hatte ihr Quartier in Prenzlau, der Hauptstadt der Uckermark. Seitdem gibt es hier eine ansehnliche Kolonie, die viele Mitglieder von Rang und Namen hat. Den Adligen unter ihnen war wohl das Schicksal nicht übermäßig hold gewesen, so daß sie die Provinz der Hauptstadt vorzogen.

Kommandeur dieser ersten Kompanie wurde Friedrich Wilhelm selber, befehligt wurde sie von Graf Christoph von Dohna. Dieser stammte aus einer alten französischen Adelsfamilie, die schon unter Karl dem Großen gedient haben soll. Bezeugt und belegt sind zahlreiche Verdienste dieser Familie aus jüngerer Zeit; und alle Franzosen, besonders die reformierten, haben reichlich Grund, sie hoch zu achten.

Die zweite Kompanie hatte ihre Garnison in Fürstenwalde. Ihr Chef war Marschall von Schomberg, ihr Befehlshaber de Saint-Bonnet.

In den Kompanien der Musketiere konnte der Kurfürst einigen französischen Predigern einen ehrenvollen Platz zuweisen. Alle Musketiere hatten ja ihre Heimat verlassen, um frei und offen Gottesdienst feiern zu können. So war es nicht nur notwendig, sondern auch selbstverständlich, diesen Menschen einen Aumônier zu geben. Manche bekannte Namen finden wir auf der Liste der Aumôniers, beispielsweise M. Jacques Cabrit. Ihn schickte man nach Polen, damit er dort den Großen Musketieren im Krieg predigte. Am längsten versah M. Henri Estève den Dienst als Aumônier der Musketiere. Er wurde dann Pastor in Calbe und Brandenburg, wo er starb.

Dem Großen Kurfürsten selbst konnten die Musketiere ihren Dank nicht mehr zeigen, denn zu früh verloren sie ihren großzügigen Gönner. Bei einem höchst schmerzlichen Anlaß traten sie das erste Mal öffentlich in Erscheinung, nämlich als Friedrich Wilhelm im April 1688 beigesetzt wurde.

Seinen Nachfolgern lieferten sie eindrucksvolle Beweise ihres Heldenmutes. Sie waren, wie ihr ganzes Volk, ungewöhnlich tapfer. Aber die Dankbarkeit, die sie gegenüber ihren Wohltätern empfanden, steigerte diese Eigenschaft noch. 1689 zeichneten sie sich aus in den Schlachten um Neuß, Kaiserswerth, Bonn und Naumur und auch im spanischen Erbfolgekrieg.

»Die Réfugiés vergießen ihr Blut für ihr neues Vaterland.« Stich von ▶
Chodowiecki

Les Refugiés repandent leur sang pour la gloire de leur nouvelle patrie.

159

Viel, sehr viel hatte der Kurfürst für die Réfugiés getan. Trotzdem fehlte es einer ganzen Reihe von ihnen an Wohnung und Nahrung. Nicht alle konnten im zivilen oder militärischen Bereich unterkommen. Handwerksbetriebe und Handel nahmen zwar Réfugiés auf, auch wenn diese vorher einen anderen Beruf ausgeübt hatten. Doch reichten die Möglichkeiten nicht aus. Man vergesse nicht: Etwa zwanzigtausend Menschen kommen innerhalb weniger Jahre ins Land! Selbst wenn dieses Land seinen Reichtum, seinen Ackerbau und Handel zu höchster Blüte entwickelt hätte, könnte eine Regierung nur unter größten Schwierigkeiten alle Einwanderer so unterbringen, daß es für diese selbst und für ihr neues Vaterland von Vorteil wäre. Man male sich also die Schwierigkeiten des Kurfürsten aus: Sein Land war nicht reich, seine Felder lagen brach, Handel und Manufakturen standen noch am Anfang. Je näher wir uns mit dieser Epoche beschäftigen, desto mehr steigt unsere Hochachtung für ihn.

Viele Réfugiés hatten vorher auf Bauerngütern und in der Geldwirtschaft gearbeitet. Da sie aber nicht deutsch sprachen, konnte man nicht allen einen entsprechenden Arbeitsplatz zuweisen. Mit ihrem ehemaligen Arbeitsplatz hatten sie also auch ihre Existenzgrundlage verloren. Ihre Hoffnung, mit der sie nach Brandenburg gekommen waren, mußte auf andere Weise erfüllt werden. Andere Réfugiés hatten innerhalb des französischen Adels niedere Posten bekleidet, stammten aber aus angesehenen Familien. Man konnte sie nicht wie einfache Soldaten behandeln, auch nicht wie Sergeanten. Also beschloß der Kurfürst, noch eine militärische Einheit zu schaffen, die nur aus Réfugiés bestand: die berittenen Grenadiere. Sie zogen den großen Musketieren voran. Monatlich erhielten sie fünf Taler; ihr erster Kommandant war M. Dupuy, dann M. d'Aubessargue. Um in diese Einheit aufgenommen zu werden, mußte man in Frankreich Unteroffizier gewesen sein oder aus angesehener Familie stammen. Die Herren Schomberg und Grumbkow waren beauftragt, die Bewerber zu prüfen.

Die Militärs, die in Frankreich als Ingenieur gedient hatten, waren dem Kurfürsten besonders willkommen, und er nahm sie entsprechend auf. Er stufte sie gemäß den Dienstgraden ein, die sie durch die Flucht verloren hatten. Den Tüchtigsten unter ihnen bewilligte er jährliche Einkünfte von fünfhundert Ecus. Ganz besonders wohlwollend behandelte er M. Jean de Cayart, den Schwiegersohn von M. David Ancillon. Die Verdienste dieses Mannes sind wenig bekannt. Seine Fähigkeiten hatte er entwickelt, als er unter Vauban diente, dem berühmten Marschall und Kriegsbaumeister. Der französische Hof beauftragte M. Cayart mit dem Festungsbau von Verdun, als kurz danach das Edikt von Nantes widerrufen wurde. Zuviel hatte er schon geleistet, zuviel versprach man sich noch von ihm, als daß man nicht alles versucht hätte, ihn in seinem Vaterland zu halten, auch wenn es die Religion verfolgte, zu der er sich bekannte. Seine Arbeit von Verdun wußte der König wohl zu schätzen und belohnte ihn unaufgefordert mit einer ansehnlichen Summe. Louvois überhäufte ihn öffentlich mit großem Lob; dies war um so schmeichelhafter, als der Minister normalerweise sehr sparsam damit umging; denn er verstand es viel besser, Menschen zu kränken, wenn er unzufrieden war, als zu loben, wenn jemand gute Dienste geleistet hatte.

Cayart wurde jedoch noch auf andere Weise belohnt, nämlich durch die Gunst seines Meisters, der ihn gleich zu seinem Ingenieur ernannte und, seinen Verdiensten entsprechend, hoch einstufte; einige Jahre später wurde M. Cayart General. Der Große Kurfürst, ebenso wie sein Nachfolger, betrauten ihn mit wichtigen Aufgaben; er und Nehring entwarfen zum Beispiel die Lange Brücke in Berlin, die ein architektonisches Meisterwerk ist, sowohl in technischer wie auch in künstlerischer Hinsicht.

M. Cayart stammte aus der Picardie; 1702 starb er im Alter von 58 Jahren und wurde auf dem Friedhof der Friedrichstadtkirche in Berlin beigesetzt. Bis zu seinem Tode arbeitete er am Bau dieser Kirche.

Friedrich Wilhelm schuf die Voraussetzungen, daß Preußen eine Großmacht werden konnte; vor allem aber schuf er diese ausgezeichnete Armee, deren Disziplin in ganz Europa als vorbildlich gilt. Als eine vollkommen neue Einrichtung kamen noch die Mineurs hinzu, die Vorläufer der späteren Pioniertruppen. So konnte der Kurfürst mehrere französische Ingenieure in Dienst nehmen, die in der Armee keine Anstellung gefunden hatten.

In allen Regimentern gab es schließlich Franzosen; denn, wie schon erwähnt, konnten nicht alle in ausschließlich französischen Einheiten untergebracht werden. Einige verwandte der Kurfürst auch für seine Garde; junge Adlige, die wegen ihres geringen Alters noch keinen Militärdienst leisten konnten, nahm er als Pagen.

Der Krieg gegen die Türken 1686 war für viele Militärs unter den Réfugiés eine willkommene Gelegenheit, ihre Tapferkeit unter Beweis zu stellen, sehnten sie sich doch danach, für ihr neues Vaterland zu kämpfen. Der Kurfürst war aus gutem Grund mit dem Kaiser unzufrieden, er beanspruchte nämlich zu Recht einige schlesische Fürstentümer. Der Hof in Wien hatte ihm Hoffnung gemacht, schien dann aber nicht mehr so sehr geneigt, Wort zu halten. Bedrängt von den Türken, mag der Kaiser einen zweiten Einmarsch gefürchtet haben; immerhin hatten ja seine Truppen der Belagerung von Buda ein Ende bereiten müssen. 1684 schickte er nach Berlin um Hilfe. Venedig, das bei einer möglichen Niederlage des Kaisers dann seinerseits mit einem Angriff zu rechnen hätte, schloß sich der Bitte an. Die Bittsteller hielten dem Kurfürsten vor, daß er gute Truppen habe, daß seine Artillerie in gutem Zustand sei und daß niemand wie er die Dinge zum besten kehren könne. Lange zögerte der Kurfürst, war dann aber großmütig genug, seine eigenen Interessen hinter den allgemeinen zurückzustellen. Er gab nach und versprach militärische Hilfe von achttausend Mann: zwei Kürassier-Regimenter, ein Dragoner-Regiment, zehn Infanterie-Bataillone, zwölf Kanonen, zwei Mörser – unter dem Befehl von Schöningh.

Ihm war geraten worden, für diesen Krieg einige Regimenter aus Réfugiés zu bilden. Aber dieser hervorragende Fürst verwarf den Vorschlag, dem wohl jeder andere bereitwillig gefolgt wäre. Auf diese Weise hätte er sich leicht von vielen Menschen befreien können, die ihn mit ihren Bedürfnissen und Bitten schwer belasteten. Er antwortete: Man solle ihm nicht nachsagen können, er habe die Réfugiés aus der Verfolgung gerettet, um sie nun – in einem Krieg gegen die Ungläubigen – dem Untergang zu weihen. Vielmehr begnügte er sich damit zu erklären, daß er Réfugiés auf deren Wunsch eine Teilnahme erlaube, fügte aber ausdrücklich hinzu, daß er ihnen die volle Freiheit lasse.

Viele französische Soldaten meldeten sich, und auch viele Offiziere schlossen sich der Armee der Freiwilligen an. In Krossen sammelten sich alle, und der Kurfürst hielt selbst die Truppenschau, obwohl er schon 67 Jahre alt war und die Gicht ihn plagte. Seine tapferen Soldaten ermahnte er, den ruhmreichen Namen hochzuhalten, den ehemals die Brandenburger sich gegen die Türken erworben hatten, und er erinnerte sie an die großartigen Siege Joachims II. 1663 und 1664 hatten die Brandenburger unter dem Herzog von Holstein bei der Belagerung von Neutra und Lebentz gekämpft und die türkischen Entsatztruppen kraftvoll zurückgeschlagen. Und als Sobieski 1683 die Türken vor Wien vertrieb, hatte der Kurfürst ihm einige Truppen zur Verfügung gestellt, die sich durch ihre Tapferkeit auszeichneten.

Zu den Militärs Friedrich Wilhelms gehörten aber nicht nur französische Protestanten, sondern auch französische Katholiken. Leider haben die Beförderungslisten hier nicht unterschieden. Wie der Große Kurfürst die Reformierten Frankreichs empfing – damit bekundete er seinen Glaubenseifer; wie er aber mit den Katholiken Frankreichs in seinem Lande umging – damit bewies er, wie großzügig er war und frei von jeglichem Parteiengeist. Er war weit davon entfernt, die Intoleranz Ludwigs XIV. nachzuahmen; und er glaubte nicht, daß ein nützlicher und mutiger Diener seines Vaterlandes unbedingt der herrschenden Religion angehören müsse. Und so nahm er viele katholische Offiziere in seine Armeen auf, und diese machten ihr Glück, je nachdem, welche Verdienste sie sich erwarben. Wenn er gelegentlich doch meinte, die Freiheit der Katholiken einschränken zu müssen, so geschah dies aus ehrenwerten Motiven: Wollte er doch nur die intoleranten Herrscher zwingen, ihre andersgläubigen Untertanen besser zu behandeln!

Von seinen guten Grundsätzen wich der Kurfürst nie ab. Dies bezeugt zum Beispiel ein Brief, den er im Januar 1686 dem Herzog von Savoyen schrieb: Grausame Verfolgungen lasse man die unglücklichen Waldenser erleiden. Und dem Herzog, der für diese Verfolgungen verantwortlich ist, stellt er sich selbst als Beispiel hin: »Ich habe in meinem Staat, besonders in den westlichen Gebieten, viele Katholiken. Ich schütze sie und liebe sie wie meine anderen Untertanen; sie werden mit Ehre, mit Ämtern und mit Würde bekleidet wie die anderen.«

Wie sehr ihn auch die Leiden der Reformierten in Frankreich erschütterten – niemals begegnete er denen, die sich zur Lehre der intoleranten Kirche bekannten, mit Bitterkeit. Während unter Ludwig XIV. die schlimmsten Verfolgungen tobten, stattete er den katholischen Grafen du Hamel mit höchsten militärischen Ehren aus. Das Regiment, das er ihm zunächst gegeben hatte, war 1679 umgebildet worden; und 1688 gab ihm der Kurfürst eine weitere Einheit dazu. 1702 trat du Hamel als Generalissimus in die Dienste der Republik Venedig. Man vermutet, daß er später vergiftet wurde.

Als die Französische Kirche zu Berlin 1772 den hundertsten Jahrestag ihrer Gründung feierte, zählte man du Hamel zu den reformierten Generälen. Dieser Irrtum mag mehrere Ursachen haben: Du Hamel war mit einer Dame aus reformiertem Hause verheiratet; solche Ehen waren überaus selten zu damaliger Zeit, als beide Religionen sich mit Bitterkeit begegneten. Außerdem gab es in seinem Regiment eine große Zahl reformierter Offiziere und Soldaten, und sein Regimentsgeistlicher, M. Pierre Rossal, wurde später Pastor einer französischen Kirche. Dazu kam, daß Madame du Hamel einen reformierten Prediger bei sich hatte, als sie nach Venedig ging; möglicherweise hielt man diesen irrtümlich für den Prediger ihres Mannes.

Als Beispiel für die Großzügigkeit des Kurfürsten gegenüber Katholiken haben wir hier nur diesen einen Namen genannt; wir wissen aber, daß der Empfang, der du Hamel zuteil wurde, und die Karriere, die er machte, manche seiner Glaubensgenossen bewog, ihm zu folgen.

12.

Einwanderer aus Metz

Die Réfugiés kamen einzeln, in Familien und auch in größeren
Gruppen aus bestimmten Städten oder geographischen Gebieten.
Hier sei von der Gruppe berichtet, die aus Metz kam. Zu ihr ge-
hörte die Familie Ancillon, die dann in der Berliner Kolonie eine
große Rolle spielte.

Die reformierte Kirche in Metz zählte zu den wichtigsten des Landes. Schon 1524 machte Jean Le Clerc die Ideen des Protestantismus in dieser Stadt bekannt und konnte viele Menschen überzeugen – so viele, daß die Intoleranz die Waffen gegen sie ergriff. Le
Clerc wurde gefangengenommen und starb als Märtyrer. Tapfer
hatte er gegen die Irrtümer seiner Zeit gekämpft und wurde Opfer
des größten dieser Irrtümer, nämlich der Intoleranz. Noch keine
zwanzig Jahre waren vergangen, als der berühmte Genfer Reforma-
tor Guillaume Farel 1542 in Gorze, einem Herrensitz dort in der
Gegend, die Reformation einführte. Der Same fiel auf fruchtbaren
Boden; so mancher Bewohner von Metz war wohl auch heimlich
Protestant geblieben, und bald wurde frei und öffentlich gepredigt.
Damals war Metz Reichsstadt; die Behauptung, daß freiere Regie-
rungsformen dem Protestantismus im allgemeinen mehr zunei-
gen, hat sicherlich einen wahren Kern!

1552 nahm Heinrich II. die Stadt ein; damit verlor sie ihre Freiheit und wurde nun auch vom Krieg getroffen, der um die Religion
entbrannt war. Je nach dem, ob die Verordnungen zur Bewahrung
des inneren Friedens gerade beachtet oder mißachtet wurden,

konnten die Reformierten ihre Religion ungehindert ausüben oder nicht. Der Westfälische Frieden 1648 teilte Metz der französischen Krone zu; allerdings sollten die Bedingungen des Jahres 1624 wiederhergestellt werden. Und 1624 hatten die Reformierten noch voll unter dem Schutz des Ediktes von Nantes gestanden. Also war die Kirche von Metz doppelt gesichert: durch das Edikt von Nantes und einen Vertrag, der – so schien es – ganz Europa Ruhe und Frieden brachte.

Aber der Kirche von Metz erging es kaum anders als den anderen reformierten Kirchen Frankreichs. Auch sie litt darunter, wie die Bestimmungen des Ediktes mehr und mehr verletzt wurden. Allerdings mäßigte sich der Hof in der Art und Weise, wie er vorging, und verhinderte damit allzu laute und einmütige Proteste. Im Jahre 1663 beispielsweise nahm man den Reformierten ihre Kirche und ihren Friedhof in der rue de Chambier, gab ihnen aber Ersatz auf Grund eines königlichen Befehls, so daß sie eigentlich keinen Verlust zu beklagen hatten. Auch die Dragonaden waren in Metz zunächst weniger grausam als sonst im Lande, so daß die Reformierten schon aufatmeten und meinten, sie seien dem Schlimmsten entgangen – während das alles doch nur der Anfang einer unbeschreiblichen Barbarei war. Die meisten machten nicht so sehr den Hof als vielmehr die örtlichen Behörden verantwortlich. Aber so ist der Mensch: Er hofft noch, während die schlimmsten Dinge schon fast greifbar nahe sind!

Der Widerruf des Ediktes von Nantes traf die Reformierten in Metz genauso scharf wie alle im Lande. Es ist kaum glaublich, wie schnell das Aufhebungsedikt überall im Lande verwirklicht wurde: Am 22. Oktober (nach dem gregorianischen Kalender) erreichte es Metz; am 24. schloß man die reformierten Kirchen, und am 25. begann man mit ihrer Zerstörung. Dies sind die Angaben, die uns M. Charles Ancillon überliefert hat; andere weichen geringfügig ab.

Zu diesem Zeitpunkt gab es in Metz vier reformierte Geistliche:

die Herren de Combles, Bancelin, Joly – und David Ancillon; er war der Bedeutendste unter ihnen, er hat sich am meisten um die Reformierten verdient gemacht; ihm kam der Ehrenplatz des ältesten Geistlichen zu, und zwar nicht nur in Metz, auch später in Berlin. Einer seiner Vorfahren war Präsident des Gerichtes in Metz. Aber er gab dieses Amt auf, das er lebenslang hätte ausüben können, und trat zum Protestantismus über. Georgin Ancillon, der Großvater, zählte zu den Gründern der reformierten Kirche in Metz und wurde ihr Pfarrer. Der Vater, Abraham Ancillon, war ein angesehener Jurist. Er besaß beträchtliches Vermögen und verwandte es, um eine der besten Bibliotheken des Landes einzurichten. Der Sohn, M. David Ancillon, wirkte mit Eifer und Treue für seine Gemeinde, und er war ein hochgelehrter Theologe. Nicht nur die Reformierten schätzten und verehrten ihn, auch die Katholiken. Berühmt machte ihn vor allem ein Streitgespräch, das er mit katholischen Theologen führte.

Am 29. August 1685 ließ der Pariser Erzbischof die Liste der verbotenen Bücher bekanntgeben. Es gelang M. Ancillon, den blindwütigen Eiferern zuvorzukommen und eine Anzahl Bücher aus der Bibliothek seines Vaters zu retten. Sie bildeten sein einziges Hab und Gut, das er mitnehmen durfte, als er dann später das Land verließ. Ansonsten wurde die Bibliothek geplündert. Die katholische Geistlichkeit, die schon lange neidisch auf diese schöne Bibliothek geblickt hatte, raffte zusammen, was noch vorhanden war.

M. Ancillon und die anderen Geistlichen verdienten Hochachtung und Respekt – wegen ihrer Herkunft, ihres Alters und all dessen, was sie getan hatten. Vielleicht, so hoffte man, werde der Hof für sie eine Ausnahme machen. Eine Abordnung der Reformierten sollte dort noch einmal auf die besonderen Privilegien der Stadt Metz hinweisen, die durch den Widerruf so offensichtlich verletzt wurden. Alles war vergeblich. Man hätte es wissen müssen: Hat das Unrecht erst einmal begonnen, wird es immer neue Ungerechtigkeiten hervorbringen. Schließlich bat die Abordnung nur noch um Reiseaufschub: Ob die Geistlichen, die alle im vorgerückten Alter seien, nicht das Ende des Winters abwarten dürften, um dann mit ihren Familien aufzubrechen? M. Charles Ancillon, einer der Abgesandten, hatte Verbindung zum Hause des Ministers Louvois. Dieser empfing ihn und hörte die Bitte. »Was erlaubt Ihr Euch, Monsieur? Die Betroffenen brauchen doch nur einen Schritt zu tun – warum haben sie das Königreich noch nicht verlassen?«

Neue Nachrichten erreichten die Reformierten: Der König bedauere, daß er die Geistlichen habe ziehen lassen; einige seien aufgehalten und unmenschlich behandelt worden, um sie zum katholischen Glauben zurückzuführen. So trieb die Gemeinde in Metz ihre Pfarrer zur Eile, damit diese das Land schnell verließen. Ihre Abreise war ein schmerzliches Schauspiel. Alle weinten bittere Tränen, denn nun verloren sie die Personen, die allein hätten trösten und helfen können. Damals entschlossen sich viele, ihren Pastoren zu folgen. Nachdem die Gemeinde nun keinen reformierten Gottesdienst mehr feiern durfte, sollte sie auch noch zur katholischen Messe gezwungen werden.

Gegen Ende des Jahres 1685 traf M. Ancillon in Hanau ein. Die französische Kolonie, die sich dort aus Réfugiés gebildet hatte, ernannte ihn sofort zu ihrem Pastor. Wahrscheinlich wäre er dort auch geblieben, wenn es nicht zu einigen Verdrießlichkeiten gekommen wäre. Als ein Mann des Friedens beschloß er, Hanau zu verlassen und sich mit seiner großen Familie nach Brandenburg zu begeben.

Das große Leid, das M. Ancillon erfahren hatte, wäre für den Kurfürsten Grund genug gewesen, ihn, wie die anderen Réfugiés auch, freundlich aufzunehmen. Was M. Ancillon aber erlebte, war weit mehr als ein freundlicher Empfang: Es war eine überaus hohe Auszeichnung. Die Art und Weise, wie der Kurfürst dem verdienstvollen und leidgeprüften Manne begegnete, erklärt wieder einmal, warum die Réfugiés diesen Herrscher wie ihren Vater liebten. Der Sohn des M. Ancillon berichtet:

Als die Familie in Berlin eintraf, hielt sich Seine Kurfürstliche Hoheit in Kleve auf, so daß der Thronfolger, der spätere König Friedrich I., und seine geschätzte und liebenswürdige Gattin den Réfugié empfingen. Einige Tage später kehrte der Kurfürst zurück, und M. Ancillon begab sich in Begleitung seiner beiden Söhne nach Potsdam. In die Menge der wartenden Réfugiés hinein wurde sein Name gerufen. Als M. Ancillon in die herrschaftlichen Gemächer eintrat, erhob sich der Kurfürst und legte ihm den Arm auf die Schulter, so als wolle er ihn umarmen. Der Geistliche nannte ihn einen zweiten Konstantin; dieser habe ja zu seiner Zeit als der Bischof aller in seinem Reich gegolten. Und er, der Kurfürst, sei erklärtermaßen der Vater aller Réfugiés und aller Mühseligen und Beladenen in seinem Reich; ob er wohl auch ihm und seiner Familie ein Vater sein wolle? Der Kurfürst hatte noch immer den Arm auf der Schulter seines Gastes liegen und antwortete liebevoll wie ein Vater: »Ich danke Gott, daß er Euch bewogen hat, den Rest Eures Lebens in meinem Lande zu verbringen; alles werde ich tun, damit Ihr hier in Zufriedenheit lebt.« Dann nahm er Platz, ließ M. Ancillon und seine beiden Söhne nähertreten, und nach einem langen, freundlichen Gespräch ernannte er ihn zum Geistlichen in Berlin, den älteren Sohn zum Richter und Direktor der Berliner Kolonie; der jüngere Sohn (David) erhielt ein Stipendium in Frankfurt/Oder zugesprochen und wurde dann 1689 Prediger in Berlin. Am 5. März 1686 wurde M. Ancillon der Französischen Kirche zu Berlin als vierter Geistlicher präsentiert. Trotz des guten Empfangs vergaß er seine frühere Gemeinde nicht. Die Briefe, die er nach Metz schrieb, richteten sie auf und trösteten sie. Inzwischen ging man in Metz mit der gleichen Härte gegen die Reformierten vor wie sonst in Frankreich; weder nahm man Rücksicht auf ihr Alter, noch auf ihre Herkunft oder die Verdienste, die sie sich erworben hatten; denn das Ziel der vollständigen Rekatholisierung sollte schnell erreicht werden – koste es, was es wolle.

Als Beispiel sei an M. Paul Chenevix erinnert. Als angesehenes

Oben: Der Tempel von Charenton bei Paris; er diente als Vorbild für die
Französische Friedrichstadtkirche in Berlin. Unten: Nach dem Widerruf
des Edikts von Nantes wird er zerstört – wie die meisten anderen reformierten Gotteshäuser

Das Innere der Friedrichstadtkirche vor dem Umbau 1905

Mitglied des Gerichtes bekleidete er seit reichlich fünfzig Jahren einen hohen Posten. Er starb Ende November 1685, über achtzig Jahre alt. Bis zu seinem Tode weigerte er sich, die Sakramente aus Priesterhand entgegenzunehmen. Mit Versprechen und Drohungen wollten ihn der Bischof und wichtige Gerichtsmitglieder zur katholischen Kirche zurückführen, aber er widerstand tapfer. So fällte man das Urteil über ihn, er solle nach seinem Tode auf das Gitter gebunden werden. Dieses Urteil konnte nach den damals geltenden Bestimmungen gegen Reformierte ausgesprochen werden, die als Nicht-Katholiken starben. Aber das Gericht in Metz spürte wohl, daß diese Barbarei auch seine eigene Ehre verletze, und verfügte einen Aufschub. Der Hof machte den Aufschub rückgängig, so daß das Urteil vollstreckt und der Leichnam des alten Mannes mißhandelt wurde. Da bewiesen die Reformierten von Metz großen Mut: Sie banden den Leichnam los und bestatteten ihn mit allen Ehren. Mehr als vierhundert Personen gaben dem Glaubensbruder das letzte Geleit. Und auf dem Platz, wo das grausame Schauspiel stattgefunden hatte, versammelten sie sich und sangen den 79. Psalm: »Sie haben die Leichname deiner Knechte den Vögeln unter dem Himmel zu fressen gegeben.«

Unmenschlichkeit und Grausamkeit waren damals an der Tagesordnung; die Bestimmungen, die der Hof erlassen hatte, deckten alles. Wir müssen aber denen, die sie ausführten, Gerechtigkeit widerfahren lassen: Nicht immer trieben sie es bis zum äußersten. Andererseits zeigten sich auch nicht alle Reformierten standhaft und tapfer, sondern viele unterwarfen sich der katholischen Kirche. Damit entgingen sie der Todesstrafe oder den Galeeren und entzogen sich ihren Verfolgern und konnten nun leichter Vorbereitungen treffen, um ihre Heimat zu verlassen.

Bald sah man sie, wie sie in Scharen in Berlin ankamen. Hier bekannten sie öffentlich in der Kirche, daß sie schwach geworden seien und daß ihr Mund den Glauben verleugnet habe, den ihr Herz und ihr Gewissen bewahrten. Einige Jahre nach dem Widerruf gab es allein in Berlin zwei- bis dreitausend Réfugiés aus Metz. Viele ließen sich von dem Wunsch leiten, hier einen standhaften und vorbildlichen Geistlichen zu finden.

Große Persönlichkeiten kamen aus Metz nach Berlin. Bei Hofe empfing man sie mit Respekt – nicht nur aus Mitleid, sondern wegen ihrer Herkunft und ihrer Verdienste. Unter ihnen war der Feldmarschall Jean Remberg de Streif, den der Kurfürst zum Kommandanten von Frankfurt/Oder und Generalmajor ernannte. In dieser Eigenschaft nahm er 1687 an den Beisetzungsfeierlichkeiten für den Sohn des Kurfürsten teil. Die Gesundheit des Kurfürsten und seiner Gattin war so angegriffen, daß diese dem Toten nicht das letzte Geleit geben konnten, sondern sie waren im Dom gewesen, wo der Tote aufgebahrt lag. Mehrere hochrangige Militärs begleiteten sie, unter ihnen Marschall Schomberg und Generalmajor de Streif.

Nicht wenigen Réfugiés aus Metz gelang es, einen Teil ihres Vermögens mitzubringen. J. C. Bekmann (»Historische Beschreibung der Churmarck Brandenburg« von 1751) berichtet, daß die Réfugiés aus Metz etwa zwei Millionen Ecus ins Land brachten. Nach allem, was wir wissen, ist diese Zahl wohl nicht übertrieben. Der Verfasser schreibt weiter: Mehr wert als ihr Geld war ihr Fleiß: Sie pflanzten und veredelten Obstbäume und widmeten sich vor allem dem Gartenbau. Noch heute wohnen in den großen Vorstädten Berlins viele Franzosen, deren Vorfahren aus Metz stammten.

13.
Die Waldenser

Die Waldenser gehen auf Petrus Waldus zurück, einen Kaufmann aus Lyon, der gegen Ende des 12. Jahrhunderts eine Art Laienbruderschaft gründete, die »Armen von Lyon«, die bereits damals einige reformatorische Grundsätze vorwegnahmen und von zwei Konzilien der katholischen Kirche verdammt wurden. Die Bewegung breitete sich in vielen Ländern Europas aus, ging aber allmählich in anderen Strömungen auf – nur in Norditalien lebte sie weiter, zeitweise grausam verfolgt.

1532 beschloß ihre Synode, sich der Reformation anzuschließen, nicht der lutherisch, sondern der reformiert geprägten Reformation, der sie ja in jeder Beziehung nahestanden: geographisch, sprachlich, organisatorisch, lehrmäßig.

Erst seit 1848 werden die Waldenser in Italien offiziell geduldet. Heute bilden sie dort eine kleine Minderheit mit sechs Distrikten. Schwerpunkte sind Torre Pellice in Norditalien, die Waldenser-Fakultät in Rom und einige Zentren in Süditalien. Besonders auf Sizilien, dem sozial schwächsten Gebiet mit der höchsten Arbeitslosenrate Italiens, der größten Kindersterblichkeit und den meisten Analphabeten, leisten die Waldenser eine Arbeit, die in jeder Hinsicht vorbildlich ist.

Nicht nur Franzosen suchten eine neue Heimat. Traurige Ereignisse zwangen auch die Waldenser, ihr Land zu verlassen. Wir können die Geschichte der Waldenser in diesem Buch nicht ausführlich beschreiben; sie verdient es jedenfalls, von kundiger Hand festgehalten zu werden. Jetzt rufen wir unseren Lesern nur einige Tatsachen ins Gedächtnis: Schon lange vor der Reformation wurden die Waldenser hart von den Katholiken verfolgt und hatten sich in die Täler von Piemont zurückgezogen. Ihr Christentum war rein und ursprünglich und frei von Irrglauben. So brauchten sie auch keine Reformation, sondern im Gegenteil: was sie lehrten, lehrten auch die Reformatoren.

Nun grenzt ja ihr Gebiet Piemont an die Dauphiné und die Provence, und seit den ersten Tagen der Reformation gab es einen regen Austausch und viele Verbindungen hin und her; ja, man kann sogar von einem Hin und Her von Flüchtlingsströmen sprechen – je nach dem, wo gerade die schlimmsten Verfolgungen wüteten. Manche Waldenser gelangten auch weit über Südfrankreich hinaus, beispielsweise in die Picardie. Wir haben Grund anzunehmen, daß Calvins Vorfahren aus Piemont stammten. Ein Beweis für die enge Verbindung zu den Waldensern waren auch die Kollekten, die die reformierten Franzosen für ihre leidenden Glaubensgenossen sammelten, auch als sie selbst verfolgt wurden.

Nach der Aufhebung des Ediktes von Nantes flohen viele Franzosen nach Norditalien. Aber ihre Ruhe war nur von kurzer Dauer. Der Herzog von Savoyen wagte nicht, sich dem großen König Ludwig zu widersetzen und erließ am 31. Januar 1686 gegen die Protestanten in seinem Lande ein Edikt, das noch grausamer war als die Aufhebung des Ediktes von Nantes. Soldaten aus Frankreich und Savoyen vereinigten sich und drangen in die Täler ein. Etwa 20 000 Waldenser kamen grausam um. Die reformierten Schweizer Kantone protestierten beim Herzog – und erhielten eine abweisende Antwort.

Das Schicksal der verfolgten Waldenser ließ den Kurfürsten nicht gleichgültig. Schon 1654 hatte er ihretwegen an die reformierten Kantone und die eidgenössischen Stände geschrieben; und im Januar 1686, noch bevor der Herzog von Savoyen sein ungerechtes Edikt veröffentlichte, schrieb ihm Friedrich Wilhelm. Sein

Brief, den wir ja schon erwähnten, bezeugt, wie klug und wie gütig dieser Herrscher gewesen ist. Er erinnert den Herzog, daß ohne Humanität und gegenseitige Toleranz keine Gesellschaft auf die Dauer bestehen, geschweige denn glücklich und zufrieden leben kann. Andere protestantische Staaten unterstützten die Waldenser ebenfalls, beispielsweise durch Kollekten.

In dieser Zeit wandte sich eine Abordnung der Waldenser an den Gesandten Friedrich Wilhelms in Heidelberg. Sie bat um Asyl für 600 Glaubensgenossen, die sich bereits in der Schweiz befanden, und für eine mindestens ebenso große Anzahl von Waldensernachzüglern, die im Frühjahr aus Frankreich erwartet wurden. Nicht dem Adel, sondern unmittelbar dem Kurfürsten wollten sie unterstellt werden. Die meisten von ihnen waren Bauern; sie wünschten sich nichts weiter als Äcker und Weiden, und sie wünschten sich, beieinander zu bleiben. Mit den Franzosen wollten sie nicht vermischt werden, denn sie lebten ruhig wie die Schweizer, und deshalb, so meinten sie, paßten sie nicht zu den lebhaften Franzosen. In einem Schreiben vom 31. Januar 1686 sicherte der Kurfürst seine Unterstützung zu.

Auch die reformierten Kantone baten um Hilfe. Sie hatten schon so viele Réfugiés aufgenommen, daß sie die neu hinzukommenden Waldenser nicht auch noch versorgen konnten. Ihnen antwortete der Kurfürst im Oktober desselben Jahres: Er sei bereit, 300 bis 400 ehrliche und fleißige Personen aufzunehmen, vorausgesetzt, daß die Schweizer sie zunächst mit allem Nötigen versorgten. Die Angelegenheit zog sich aber lange hin wegen vieler Schwierigkeiten, die noch auftauchten. Im August 1688 trafen 360 Waldenser in Frankfurt/Main ein, wo die Kommissare des Kurfürsten sie empfingen. Bockenheim, ein Dorf in der Nähe, bot ihnen Ruhe und Erholung für einige Tage; der Magistrat schickte ihnen Brot, Wein und Fleisch. Eine französische Prinzessin, die in Frankfurt residierte, seit sie ihre Heimat verlassen hatte, zeigte ihnen ebenfalls ihr aufrichtiges Mitgefühl. Sie ließ die Waldenser in einen Garten versammeln, wo ihr Hausseelsorger ihnen eine zu Herzen gehende Predigt hielt. Bei dieser Gelegenheit gab man ihnen 600 Taler, zu denen die reformierten Kirchen der Stadt, die deutsch- und die französisch-reformierte, hundert Taler beigetragen hatten. An der Grenze zu Hessen wurden sie dann von einem Beauftragten des Landgrafen mit allem Nötigen versorgt. Am 31. August schließlich trafen sie in Stendal ein. Die zweite Gruppe Waldenser folgte wenige Tage später. Sie war – im Gegensatz zur ersten – völlig erschöpft; offensichtlich hatten sie unterwegs weniger Hilfe erfahren.

Die 1300 Waldenser wurden hauptsächlich in Stendal, Burg und Spandau angesiedelt; wer von den jüngeren Männern Lust hatte, konnte freiwilligen Kompanien beitreten. Wer sich als Bauer niederließ, tat dies unter ähnlichen Bedingungen wie die Franzosen. Die Kolonien hatten eigene Pfarrer, die auch aus den Tälern stammten, eigene Schulmeister und Richter, die alle vom Hofe bezahlt wurden. 1689 wohnten schon viele in neu gebauten Häusern.

Wer hätte gedacht, daß dies alles vergebliche Liebesmüh gewesen ist?

Am 24. August 1689 schrieben die reformierten Kantone an den Kurfürsten Friedrich: Mehrere tausend Waldenser, die sich zur Zeit in der Schweiz befänden, bereiteten sich vor, in ihre Heimat zurückzukehren, und zwar mit Waffengewalt; ihr Führer war Pastor Arnaud. Friedrich antwortete verärgert und fragte, warum sie ihre Sicherheit, ihre Vorteile gegen ein solches Wagnis eintauschen wollten. Allerdings verurteilte er sie nicht allzu hart, denn das natürliche und verständliche Gefühl der Vaterlandsliebe rechtfertigte sie. Der Plan, zurückzukehren, war doch nicht so abenteuerlich, wie er auf den ersten Blick schien. Der Herzog von

»Friedrich III. erlaubt den Waldensern, in ihre Heimat zurückzukehren, ▶ und überhäuft sie mit Wohltaten.« Stich von Chodowiecki

D. Chodowiecki fecit

Frédéric III Electeur de Brandenbourg permet aux vaudois réfugiés de retourner dans leur patrie et les comble de bienfaits.

Savoyen hatte sich mit Frankreich gestritten und die Waldenser wissen lassen, daß er sie in Zukunft dulden wolle. Die Waldenser, die in der Schweiz lebten, kehrten als erste zurück und eigneten sich wieder an, was ihnen einmal gehört hatte. Im Juli 1690 ließ der Herzog auch den Kurfürsten wissen, daß die Waldenser zurückkehren könnten.

Der Kurfürst zeigte sich wahrhaft großmütig und ließ sie ziehen, obwohl sie noch kaum etwas zum allgemeinen Wohlstand beigetragen hatten, sondern nur eine Bürde gewesen waren. Er gab ihnen Kleidung, ließ ihnen Pferde und Karren, auch das Saatgut; sogar Waffen aus dem Magdeburger Arsenal gab er ihnen; und der waldensischen Einheit, die gerade mit seiner Armee auf dem Wege nach Bonn war, erlaubte er, sich in Uniformen und mit Waffen den anderen Waldensern anzuschließen. Es schien, als könnten diese den Aufbruch in die Heimat gar nicht erwarten. Obwohl der Winter nicht mehr fern und der Zustand vieler Straßen schlecht war, brachen sie auf, alle, auch Frauen, Greise und Kinder. Um schneller am Ziel zu sein, nahmen sie nicht die gleiche Wegstrecke wie bei ihrer Ankunft. Die meisten gingen zu Fuß. Von der Schweiz aus schrieben sie einen Dankesbrief an den Kurfürsten.

Es müssen recht erbarmungswürdige Gestalten gewesen sein, die da mitten im Winter ankamen. Die Schweizer hatten so früh nicht mit ihrer Ankunft gerechnet und baten den Kurfürsten noch einmal um Hilfe. In seiner Antwort wies Friedrich auf die Wohltaten hin, die die Waldenser durch ihn erfahren hätten. Da diese aber vorzogen, wiederum Untertanen desselben Herzogs zu werden, der sie einst unterdrückte, so sei es nun dessen Pflicht und Schuldigkeit, sich ihrer anzunehmen.

Nach einigen Jahren der Ruhe erlitten die Waldenser wiederum Unterdrückung und Intoleranz. So wandten sie sich erneut an den Kurfürsten und fragten an, ob er sie in sein Land aufnähme. Er lehnte ab, denn unbeständig und wankelmütig seien sie. Er war aber bereit, einige französische Réfugiés aufzunehmen, die die

Schweiz verlassen sollten. So schickten die Waldenser nun ihre Abordnungen nach Württemberg, Hessen und Darmstadt – mit Erfolg. Die großzügigsten Bedingungen gewährte ihnen der Herzog von Württemberg, wobei Holland ihn mit 10000 Talern unterstützte und die englische Krone eine Stiftung für den Unterhalt der Pfarrer gründete. Es mögen etwa 3000 Waldenser gewesen sein, die in dieser Zeit nach Württemberg kamen. Zu ihnen zählten auch die französischen Réfugiés, die sich den Waldensern angeschlossen hatten.

Danach konnten die in der Heimat gebliebenen Waldenser verhältnismäßig ruhig leben. Beschäftigt man sich mit ihrer Geschichte, so wird deutlich: Zu allen Zeiten ist Frankreich die Quelle ihres Leidens gewesen. Ihre Herrscher hätten ihnen von sich aus sicherlich mehr Gerechtigkeit widerfahren lassen, aber die schwankenden Beziehungen zwischen Paris und Turin haben das Schicksal dieser Menschen bestimmt. Wo wäre aber der Herrscher zu finden, der sich nicht vom blinden religiösen Eifer hinreißen ließe?

In Brandenburg blieben nur sehr wenige waldensische Familien; beispielsweise hatten sich die beiden Pastoren Jaques und Pierre Bayle ihren Landsleuten nicht angeschlossen, als diese in ihre Heimat zurückkehren; auch andere aus dieser Familie blieben.

1689 wurden die Protestanten in der Pfalz verfolgt, und ein Teil von ihnen kam nach Brandenburg; dort trugen sie zum Wachstum der französischen Kolonien bei. In Berlin siedelten sie sich an, in den Provinzstädten und auch als Bauern auf dem Lande.

14.

Die protestantische Predigt in Frankreich und in Deutschland

Anders als bei der katholischen Messe, steht im protestantischen Gottesdienst die Predigt im Mittelpunkt. Während der lutherische Gottesdienst noch einige katholische Elemente beibehalten hat, ist der reformierte Gottesdienst ursprünglich ein Predigtgottesdienst gewesen, erweitert durch Gebet und Psalmengesang. Das folgende Kapitel erklärt die strenge reformierte Praxis aus der Kritik an der katholischen Kirche. Interessanterweise kommen Erman und Reclam auf die Gottesdienstform auch ihrer Zeit zu sprechen und stellen Fragen, die bis heute in reformierten Gemeinden diskutiert werden.

Die ersten gelehrten Protestanten, die aus Frankreich nach Brandenburg kamen, waren Geistliche. Unter Androhung der Todesstrafe mußten sie Hals über Kopf alles verlassen: Familie, Heimat, Besitz. Vielleicht hätte eine weniger verblendete Politik versucht, sie behutsam an die katholische Kirche, die herrschende Partei, zu binden. Aber zu laut tobte der Haß, als daß die Vernunft hätte gehört werden können. Eigentlich lag diese Entwicklung nicht im Interesse einer Kirche, die man auf den Ruinen des Protestantismus aufbauen wollte. Glaubte man denn, daß die Reformierten sich ohne ihre Pfarrer leichter zum Katholizismus zurückbringen ließen? Doch da täuschte man sich: Die Reformierten in Frankreich wurden zwar unterdrückt, keineswegs aber vernichtet.

Schon äußerlich, nach Zahl und Herkunft, bildeten die reformierten Theologen einen ansehnlichen Berufsstand. Der wachsende Glaubenseifer und der ausgezeichnete Ruf vieler Pastoren beeindruckte auch Männer höchsten Ranges derart, daß sie sich der reformierten Sache ganz und gar hingaben. So besaßen diese Geistlichen normalerweise nicht nur ihre Ausbildung, sondern brachten darüber hinaus auch eine sorgfältige Erziehung mit und gute Umgangsformen, und sie pflegten selbstverständlich Beziehungen zu den vornehmsten Familien des Landes. Nicht selten waren die Grundherren selbst die Pastoren ihrer Untergebenen. Ein Beispiel: Der für seine Gelehrsamkeit bekannte Moÿse Amyrault stammte aus einer alten angesehenen Familie und war reich; jedes Jahr verteilte er die Einkünfte seiner Ländereien an die Armen.

Auch noch heute wird ja der Pastorenstand allgemein geachtet, aber damals in Frankreich genoß er besonderes Ansehen. Früher lebte man einfacher, die Sitten waren strenger; heute denkt man oberflächlicher und möchte ein möglichst angenehmes Leben führen. Da wundert es nicht, daß der Pastorenstand weniger attraktiv geworden ist; denn zu ihm gehören, heißt: verzichten auf Vermögen und Karriere, auf alles, was unserer Eitelkeit entgegenkommt.

Allerdings hätte die Herkunft der meisten Pastoren in Frankreich ihrem Stand nicht mehr als einen äußerlichen Glanz gegeben, wenn nicht Wissen und Fähigkeit ihn ausgezeichnet hätten. Jeder vernünftige Franzose, jeder gute Patriot, sogar jeder Katholik mußte zugeben, daß sich mitten in seinem Volk eine beachtliche Zahl von geistigen Führungspersönlichkeiten herausgebildet hatte – alles Menschen, die ihrem Vaterland Ehre machten und Wesentliches beitrugen zu Wissenschaft und Kultur. So erlitt Frankreich auch in dieser Hinsicht einen großen Verlust: Der Schlag, der die Reformierten traf, ließ gleichzeitig eine übersprudelnde Quelle versiegen. Und es waren nun andere Länder, die sich an diesem frischen und reinen Wasser labten.

Ein besonderes Verdienst der Protestanten wurde bisher noch nicht angemessen gewürdigt: Sie haben die gute Predigt eingeführt, nachdem diese für Jahrhunderte in Vergessenheit geraten war. Der katholische Gottesdienst kann auf die Predigt verzichten, für den evangelischen Gottesdienst ist sie unverzichtbar. Jeder Pastor ist vor allem Prediger; der Priester ist es nicht und war es damals noch weniger als heute. Die Bischöfe der alten Kirche betrachteten die Lehre als ihre wichtigste und schönste Aufgabe, doch im Laufe der Zeit haben Aberglaube und Irrlehre den Gottesdienst verändert! Lesung und Auslegung der heiligen Schrift wurden durch leere Zeremonien ersetzt. Die Bischöfe waren keine Hirten mehr, sondern Herren; die Fürsten wußten oft nicht mehr als ihre Untertanen. Diese hohen Herren waren so sehr mit sich selbst und ihresgleichen beschäftigt, daß sie die Messe vom niederen Klerus lesen ließen, von armen Priestern, die nicht einmal ihr tägliches Auskommen hatten, die äußerlich und innerlich im Elend lebten. Alles, was man von ihnen verlangte, war: die Messe lesen, Formeln hersagen – gleichgültig, ob sie sie verstanden oder nicht. Der Aberglaube machte fast überirdische Wesen aus ihnen, Mittler zwischen Himmel und Erde, und bewahrte sie vor Schimpf und Schande, die sie eigentlich verdient hätten. Sie waren außerstande zu predigen; nicht einmal schlecht predigen konnten sie, so daß die Bettelorden diese Aufgabe übernahmen. Aber auch diese waren armselige Prediger; sie eilten von Ort zu Ort, und in blinder Frömmigkeit gab man ihnen Almosen. Welche Schule hätte sie denn eines besseren belehren können?

Die dümmsten, die unschicklichsten, die absurdesten Dinge wurden von Rednerpulten heruntergeschwatzt; die galten zwar als christliche Kanzeln, waren aber zu Tribünen, zu Theatern geworden. Auch katholische Prediger in angesehener Stellung, beispielsweise am Hofe Heinrichs IV., bildeten keine Ausnahme! Hier zeigt sich die ganze Barbarei und Geschmacklosigkeit der Zeit: Man wußte wenig vom wahren Christentum, trieb ständig Allotria und führte das Christentum dabei im Munde.

Ist die Fehlentwicklung erst einmal soweit gekommen, dann

braucht es nicht weniger als eine Revolution, um alles wieder ins Lot zu bringen. Eine solche Revolution war die Reformation. Die Kirche der Reformation mußte die Wortverkündigung zum Hauptstück des Gottesdienstes machen und alles andere vernachlässigen, denn sie verwarf ja das Unvernünftige. Sie befahl den Glauben nicht, sondern wollte überzeugen.

Wer den Reformatoren vorwirft, sie seien zu radikal gewesen, der möge bedenken: Tiefe Unwissenheit machte die Unterweisung bitter nötig, und der Mißbrauch der Zeremonien führte zu einer ganz schlichten Gottesdienstform, mit dem Übergewicht der Predigt. So ist es zu erklären, daß in einigen Orten fast täglich gepredigt wurde. Man legte die Heilige Schrift aus und bekämpfte die Irrlehren der Katholiken; ungebildete Prediger hätten diese Aufgabe nicht übernehmen können. Das große Gewicht der Predigt unterschied den reformierten vom katholischen Gottesdienst. Der letztere hieß »Messe«, der reformierte Gottesdienst hieß »Predigt«. Vielleicht liegt hier die Ursache dafür, daß die reformierten Geistlichen in Frankreich »Prediger« genannt wurden.

Inzwischen haben sich die Zeiten geändert: Die Menschen sind nicht mehr in Unwissenheit und Aberglauben gefangen, sondern sie sind aufgeklärt und kultiviert; auch die Predigt hat sich geändert. Sollten nun die Reformierten nicht dazu übergehen, die große Zahl der Predigten zu reduzieren und in ihren Gottesdienst andere Elemente einzufügen, die den Glauben stärken und erhellen können?

Die damalige reformierte Predigt verfehlte ihre Wirkung auf die Katholiken nicht. Ganz allmählich zog sie die katholische Predigt aus den Abgründen der Barbarei, wobei einige katholische Prediger schon verhältnismäßig früh von den Reformierten lernten. Aber im allgemeinen waren üble Späße und Possen noch lange das Kennzeichen der katholischen Predigt. Es ist kaum zu glauben, daß man sich im Zeitalter Ludwigs XIV. noch mit solchem Mummenschanz vor die Gläubigen wagte, wie das beispielsweise Père

Honoré tat, ein Kapuziner aus der Provence. Er nahm einen Toten-kopf mit auf die Kanzel und wechselte dessen Bedeckung, je nach-dem, welche Person er darstellen wollte: Bald nahm er einen Advo-katenhut, bald die Krone eines Herzogs oder Grafen, bald eine Sol-datenfeder, bald den Kopfputz eines leichten Mädchens. Seine Worte und Bewegungen entsprachen dieser Maskerade. Ein Clown der Comédie Italienne sagte, daß das Theater diesen Père gut ge-brauchen könne!

Und wer kannte damals nicht den Namen Père André? Er ge-hörte zum Orden der kleinen Augustinerbrüder und führte ein un-tadeliges Leben, aber seine frommen Zuhörer mußten wohl eine lebhafte Phantasie haben und gleichzeitig auch mit Blindheit ge-schlagen sein, wenn sie in seinen Predigten Erbauung fanden. Ein-mal verglich er die vier lateinischen Kirchenväter mit den vier Kö-nigen im Kartenspiel. Kirchenvater Augustin war der Herzkönig wegen seiner überströmenden Liebe; Ambrosius der Kreuzkönig wegen seiner blumigen Redeweise; Hieronymus der Pikkönig we-gen seiner scharfen und schneidenden Redeweise; und Gregor war der Karokönig, weil er der unbedeutendste unter ihnen gewesen sei. Wenn solche Predigten am Hofe und in der Hauptstadt gedul-det wurden, wie mag es dann wohl anderswo im Lande zugegangen sein?

Zwar waren in Deutschland Bildung und Wissenschaft zurück-geblieben; doch dauerte dieser Rückstand nicht lange. Am Ende des 17. Jahrhunderts, als in Frankreich und England gute Predigten bereits zur Gewohnheit gehörten, ließen die deutschen Prediger Barbarei und Schulmeisterlichkeit gerade erst hinter sich. Daß sie noch nicht soweit waren, überraschte nicht; denn die Reformation hatte sich ja in ihrem Land mit ungeheurer Geschwindigkeit aus-gebreitet. So fehlte es an fähigen Pastoren, die die Gemeinden auf-gebaut und unterwiesen und ihnen die Wahrheit des Evangeliums in angemessener Weise nahegebracht hätten. Damit aber die Ge-meinden nicht völlig unversorgt blieben, durften auch ganz und gar ungebildete Leute Pastoren sein. Solche hatte Luther selbst gelegentlich eingesetzt. In Nordhausen war erster Pastor ein Tonnenmacher namens Anton Ott und zweiter Pastor ein Weißgerber namens Johann Nürnberger. Solche Beispiele gab es viele.

Im Jahre 1573 erließ Kurfürst Johann Georg eine Anordnung, die die Prediger betraf: »Sollen auch zu solchem wichtigen Amte keine Schneider, Schuster oder verdorbene Handwerker und Lediggänger, die in Grammatica nicht studieret, viele sogar nicht lesen können, bestellet noch angenommen werden...«

Diese Anordnung änderte zunächst wenig, denn man hatte sich an schlechte Predigten gewöhnt; und schlechte Gewohnheiten lassen sich im allgemeinen nur sehr langsam ändern. Dann kam der Dreißigjährige Krieg und zerstörte jede kleine Pflanze des Fortschritts, die zu wachsen begonnen hatte. Dieser Krieg verhinderte, daß aus der Reformation – wie andernorts – eine Revolution wurde. Und so gab es immer noch die gleiche Unwissenheit, auf die sich früher das Papsttum gestützt hatte. Allmählich aber, fast unmerklich zuerst, tauchten unter den Geistlichen gut ausgebildete und fähige Theologen auf. Sie hatten die Kleinkrämerei der alten Philosophie und die Spitzfindigkeit der scholastischen Theologie hinter sich gelassen; sie konnten das Christentum voll entfalten und es den Gläubigen in schöner Einfachheit darlegen.

Wir wollten uns gern eine klare Vorstellung machen, was und wie in der Mitte des 17. Jahrhunderts gepredigt wurde. So haben wir Predigten durchgesehen, die im Berliner Dom bei besonderen Anlässen gehalten wurden. Wir erwähnen hier eine Predigt aus dem Jahre 1625, als der Sohn des Markgrafen Johann Sigismund beigesetzt wurde. Diese Predigt enthält viele lateinische Sätze, sie zitiert Cicero, Seneca usw. und nennt Männer, die standhaft den Verlust ihrer Kinder ertragen haben, beispielsweise Perikles, Sokrates, Horaz, Cäsar. Der Prediger muß überdurchschnittlich gebildet gewesen sein – und doch: Wie sehr steht er unter dem Einfluß weit verbreiteter Unsitte, nicht die Bibel, sondern über vieles andere zu predigen. In Frankreich hatte die Synode viel Mühe, solche verabscheuungswürdige Predigtweise abzuschaffen. Ganz zu Anfang, bei frühen reformierten Predigern, findet man sie noch, aber kaum mehr zur Zeit des Refuge.

Doch zurück nach Deutschland: Die Beispiele aus dem 17. Jahrhundert zeigen durchweg schlechten Predigtstil. Männer wie Stosch, Bergius usw. waren die ersten, die damals in guter Weise auffielen. Seit dieser Zeit kann man einen deutlichen Fortschritt beobachten, und die Verbindung mit dem zivilisierten Ausland hat diesen zweifellos gefördert. Allerdings: Von den besten Männern des 17. Jahrhunderts ist es noch ein weiter Weg zu den vielen ausgezeichneten deutschen Predigern, die gründlich von den Engländern und Franzosen lernten und dann durchaus Gleiches leisteten, ja manchmal sogar Besseres, und die dann selbst Vorbilder wurden.

Wir wollen nicht übertreiben und den Predigern des Refuge etwa einen größeren Einfluß zuschreiben, als sie tatsächlich ausübten. Nachdem wir den Lesern hinlänglich unsere Unparteilichkeit bewiesen haben, müssen wir aber nun fragen: Ist es nicht ganz natürlich, daß so erfolgreiche Prediger wie Abbadie, Gaultier, Ancillon usw. zu einem edlen Wettstreit anstifteten? Daß ihre Predigten Vorbilder wurden zu einer Zeit, als Deutschland überhaupt noch nichts zu bieten hatte?

Inzwischen aber wurde die Barbarei des Denkens durch eine tiefgründige Philosophie abgelöst; guter Stil setzte sich allenthalben in der Literatur durch; eine vernünftigere Theologie entstand, die nicht mehr Aberglauben war, auch ein reineres Christentum, das Leben und Werk der Menschen mit einbezog. Alles dies ist eine gute Veränderung; sie prägte sowohl uns, die Nachkommen der Réfugiés, wie auch das Land, das einst unsere Vorfahren so großzügig und gütig aufnahm. Und bis heute ist es uns allen eine Ehre, auf diesen Wegen zu wandeln!

Der Gendarmenmarkt, im Hintergrund die Friedrichstadtkirche (der Französische Dom). Kupferstich aus dem 19. Jahrhundert

Die Friedrichstadt-
kirche wird im Mai
1944 bei einem Bom-
benangriff zerstört

190

15.
Die Französische Kirche zu Berlin

Nicht nur, weil Erman und Reclam Prediger an der Französischen Kirche zu Berlin waren, sondern auch, weil diese Kirche von Anfang an eine besondere Bedeutung hatte – wie die Kolonie als ganze –, berichten die beiden Verfasser verhältnismäßig ausführlich über die Entwicklung dieser Kirche.

Wie wir bereits erwähnten, gab es schon vor 1685 eine Französische Gemeinde zu Berlin. Sie wurde im Jahre 1672 gegründet und zählte bis zum Widerruf des Ediktes von Nantes nicht viele Mitglieder.

Trotzdem reichte der Raum, den man ihr in den Gemächern des Baron von Pöllnitz zur Verfügung gestellt hatte, nicht für die große Zahl der Predigthörer.

Der Kurfürst half auch hier. 1682 wies er der Französischen Gemeinde die Schloßkirche zu, die für zweitausend Menschen Raum bot. Der Historiker Leti berichtet als Augenzeuge: Die Versammlungen dort seien die glänzendsten gewesen, die er jemals gesehen habe. Personen allerhöchsten Ranges und solche mit größten Verdiensten seien anwesend: das kurfürstliche Haus, die Staatsminister, die Generäle und noch viele mehr. Dies mag einerseits daran gelegen haben, daß jeder Mensch sich dem Neuen bereitwillig mit Neugierde zuwendet; andererseits besaß die Französische Kirche einen Prediger, der eine große Ausstrahlungskraft hatte und besonders die Gebildeten ansprechen konnte: M. d'Abbadie. So groß war das Verlangen, ihn zu hören, daß er zweimal sonntäglich predigen mußte – bis schließlich zwei ebenso würdige wie fähige Kollegen an seine Seite traten.

Dies geschah in den Jahren 1685 und 1686, als der Kurfürst die Herren Gaultier und Ancillon zu Hofpredigern und zu Pastoren der Französischen Kirche ernannte. Ancillon schreibt in seinen Memoiren: Er habe mehrmals die Ehre gehabt, nicht nur öffentlich zu predigen in Gegenwart der kurfürstlichen Hoheiten, sondern er sei auch ausdrücklich aufgefordert worden, bei Hofe in deren Gemächern zu predigen. Einmal, als bei Hofe mehrere ausländische, auch katholische Prinzen und Prinzessinnen zu Gast waren, ließ man ihm mittags sagen, er möge um zwei Uhr zur Predigt erscheinen. Um vier Uhr hatte er im Dom den Katechismus auszulegen. Also begab er sich gleich zum Hofe; und als er fragte, ob ein besonderes Thema gewünscht werde, antwortete man ihm, daß am Abend vorher die Taufe Gesprächsthema gewesen sei. Also legte er seiner Predigt die Worte Jesu zugrunde: »Wer da glaubet und getauft wird, der wird selig werden; wer aber nicht glaubet, der wird verdammt werden«. Und so feinfühlend (mit soviel »délicatesse«!!) und so gründlich behandelte er sein Thema, daß alle ihm applaudierten. Als er gleich darauf zu seiner nächsten Predigt in den Dom fahren wollte, hielt man ihn zurück, damit er sich nicht überanstrenge.

Nicht von Anfang an konnte sich die Französische Kirche zu Berlin all der Privilegien erfreuen, die das Potsdamer Edikt von 1685 den Réfugiés zugestand. In ihren äußeren Bedingungen ähnelte sie zunächst den Schweizer und den anderen französischen Kirchen; das bedeutete: Sie gehörte zum Dom und war vom deutschen Oberkonsistorium abhängig. Zunächst blieb dies auch noch so, und erst unter dem nächsten Regenten wurden offizielle Änderungen verfügt: Die Kirchen der Réfugiés durften nach der Ordnung ihrer Heimatkirche leben, und sie erhielten ein eigenes Oberkonsistorium, das die gleichen Rechte hatte wie das deutsche Oberkonsistorium.

Aus den Aufzeichnungen des Jahres 1674 ist ersichtlich, daß es vier Anciens gab. Bei kirchlichen Zusammenkünften hielten sie die Büchsen, sie sammelten und verteilten die Almosen. Aber sie bildeten noch kein offizielles Gremium. Was wir heute »Consistoire« nennen, gab es damals noch nicht.

1682 reichten die wenigen Anciens nicht mehr aus, denn die Gemeinde war inzwischen beträchtlich gewachsen. M. d'Abbadie, unterstützt von M. von Fuchs, ersuchte den Kurfürsten, ein Gremium aus Anciens und Diacres bilden zu dürfen. Dies wurde ihm auch gestattet, allerdings mit einigen Einschränkungen. In den Dokumenten der Kirche heißt es hierzu: M. von Fuchs überbrachte mündlich die Nachricht, der Kurfürst habe die Erlaubnis erteilt, und zwar »unter der Bedingung, daß die Compagnie sich lediglich um die Geldangelegenheiten der Armen und um die Eintracht in den Familien kümmert; daß sie ihre Aufgaben im stillen erfüllt, ohne öffentlich in Erscheinung zu treten; daß sie der Ordnung des Domes unterstellt ist und daß das deutsche Konsistorium in allen kirchenrechtlichen Dingen zuständig ist«.

Dies bestätigte der bereits erwähnte M. von Fuchs seither mehrmals; und M. d'Abbadie erhielt ein ähnlich lautendes Billet des Grafen d'Espense, worin dieser den Rat gibt, man möge, wenn die Namen der neu ernannten Kirchenältesten bekanntgegeben werden, weder von Anciens sprechen noch von dem Consistoire, sondern nur von Diacres.

Die Art und Weise, wie der Kurfürst diese Angelegenheit behandelte, läßt darauf schließen, er wollte – immer zum Wohle der Französischen Kirche – nicht den Verdacht aufkommen lassen, es handele sich hier um eine eigenständige Staatskirche.

Die Versammlungen des neuen Consistoire fanden bei M. d'Abbadie statt oder in der Sakristei des Domes. M. Bergius, Minister bei Hofe, nahm meistens daran teil; und niemals versäumte man, ihn einzuladen, wenn es sich um eine einigermaßen wichtige Angelegenheit handelte.

Mit besonderer Genugtuung nennen wir hier eine weitere Ursache dafür, daß die Französische Kirche aufblühte: das gute Einvernehmen zwischen den französischen Pastoren und den reformierten Geistlichen bei Hofe. Leider erleben wir immer wieder, daß Menschen, die wie Brüder zusammengehören, sich doch als Feinde und Neider gegenüberstehen.

An der Seite der alten reformierten Kirche entsteht eine neue; sie wird nicht Teil der alten, sondern bleibt für sich, und sie genießt den Schutz und das Wohlwollen des Herrschers. Wären die reformierten Geistlichen des Hofes von niedrigem Charakter gewesen, so hätte die Bevorzugung der Réfugiés sie neidvoll auf die Einwanderer blicken lassen; ein leichtes wäre es für sie gewesen, alles vergessen zu machen, was die Ursache für den guten Empfang der Franzosen war: das gemeinsame reformierte Bekenntnis, der Glaubenseifer, von dem die Réfugiés Zeugnis abgelegt hatten, und all das Gute, das sie ihrem neuen Vaterland brachten.

Wir finden auch nicht ein Quentchen Eifersucht bei den reformierten Hofgeistlichen; nein, sie begegnen den Franzosen mit lebhafter Zuneigung und helfen mit beim Aufbau dieser neuen Gemeinden und tun alles zu ihrem Wohle. Immer wieder nennen unsere Dokumente dankbar Namen wie Stosch, Bergius, Brunsenius, von Schmettau, Ursinus usw. Die meisten von ihnen hatten in Frankreich studiert und waren mit der Kirche dort verbunden, so daß die Verfolgung ihnen nicht gleichgültig war. In Berlin fanden diese Geistlichen dann unter den Réfugiés die Schüler derjenigen Theologen wieder, von denen sie selbst an französischen Akademien gelernt hatten.

16.
Die Friedrichstadtkirche –
Der Französische Dom

Bis ans Ende der Welt möge sie erhalten bleiben – so wünschte König Friedrich I. 1705 bei ihrer Eröffnung. Im Mai 1944 wurde sie bei einem Bombenangriff zerstört, der Turm, den Friedrich II. bauen ließ, stark beschädigt. Am 17. April 1983 wurde das Kirchengebäude wiederum eröffnet – bis ans Ende der Welt? Und wann wird das sein?

Der Gendarmenmarkt, heute Platz der Akademie, Berlin (DDR), soll sein ursprüngliches Aussehen wiedererhalten. Das Schauspielhaus ist inzwischen wieder hergestellt, so daß auch diejenigen, die den Platz vor 1944 nicht kannten, etwas von seiner ursprünglichen Schönheit ahnen.

Wie wir ja schon geschrieben haben, feierten die Réfugiés ihre Gottesdienste zunächst in Gebäuden, die ihnen zur Mitbenutzung überlassen waren, beispielsweise in der Domkirche oder der Dorotheenstädtischen Kirche, die einst Kurfürstin Dorothea hatte bauen lassen. Aber die Kirchen, die den Réfugiés zur Verfügung standen, reichten nicht aus. Dicht gedrängt saßen die Menschen in den Bankreihen; sie füllten die Gänge und die Stufen; viele standen draußen und hörten die Predigt durch die Fenster zu ebener Erde; andere hatten Leitern angelegt und lauschten durch die höher gelegenen Fenster. In der Dorotheenstädtischen Kirche fand zunächst der deutsche, dann der französische Gottesdienst statt. Viele Franzosen warteten das Ende des deutschen Gottesdienstes nicht ab, sondern drangen schon vorher in die Kirche ein, um

Le premier Temple François accordé aux refugiés a Berlin

Plätze zu belegen. So gab es hier Sonntag für Sonntag unbeschreibliche Tumulte.

Trotzdem zögerten die Réfugiés, eigene Kirchgebäude zu fordern. Hatte doch der Herzog von Savoyen seine waldensischen Untertanen in die Heimat zurückgerufen; und fast alle protestantischen Länder versuchten ihrerseits, Ludwig XIV. umzustimmen, damit auch für die französischen Réfugiés der Weg in die Heimat geöffnet würde. So träumten im rauhen Brandenburg nicht wenige Kolonisten von einer glücklichen Heimkehr, die ihnen Verwandte, Freunde und ihre Besitzungen zurückgäbe. Wir wollen ihnen aber nicht vorwerfen, sie seien undankbar, wenn nicht einmal ihre Wohltäter sie deswegen verurteilten!

Aber nicht alle Réfugiés wollten zurückkehren. Die Dokumente des Jahres 1695 zeigen, daß innerhalb der Kolonie der Wunsch nach eigenen Kirchen laut wurde. Zwar verschloß sich das Consistorium zunächst dieser Idee, mußte sie aber schließlich doch an die beiden Staatsminister von Spanheim und Danckelmann weitergeben. Überdies bestätigte der Kurfürst zu Beginn des Jahres 1698, was viele in der Kolonie erwartet hatten: Ludwig XIV. gestattete den Reformierten die Rückkehr nur unter der Bedingung, daß sie zur katholischen Kirche überträten. Danach betrieb man den Bau einer Kirche auf dem Werder mit größerem Eifer als bisher. Allerdings war der Hof nicht zu nennenswerten Ausgaben bereit; denn die bevorstehende Krönung des Kurfürsten zum König würde riesige Geldsummen verschlingen. Also erhielten die Franzosen und die Deutschen den »langen Stall« je zur Hälfte, damit sie ihn

◄ »Die erste Französische Kirche wird den Réfugiés in Berlin übereignet.« Stich von Chodowiecki. Von Friedrich III., dem brandenburgischen Kurfürsten und späteren König Friedrich I., erhalten die Réfugiés 1701 ihr erstes eigenes Kirchengebäude, die Friedrichwerdersche Kirche

als Kirche ausbauten. 1701 war dann die Friedrichwerdersche Kirche in ihren beiden Teilen fertiggestellt.

Noch lange vor diesem Zeitpunkt äußerten auch die Franzosen der Friedrichstadt den Wunsch nach einer eigenen Kirche. Die Französische Straße beispielsweise war fast ausschließlich von Réfugiés, meistens Handwerkern, bewohnt. Das Consistorium ließ also bei Hofe anfragen und in diesem Stadtteil um ein Gelände bitten, das man als Friedhof nutzen wolle. Aber insgeheim bestand der Plan, einen Teil dieses Geländes für den Kirchbau zu verwenden. Graf Dohna half, daß dieser Plan auch bei Hofe gehört wurde. Allerdings ließ der Kurfürst dem Consistorium mitteilen, er habe bereits erhebliche Summen für die Friedrichwerdersche Kirche aufgebracht und halte deshalb die Sammlung von Kollekten für angebracht. In Berlin, so lautete die Genehmigung, werden diese Sammlungen von Haus zu Haus durchgeführt – bei Deutschen und Franzosen. Die Geistlichen, die Anciens und die Diacres wurden damit betraut. Außerdem wandte man sich an die protestantischen Städte und Länder. M. de Gaultier übergab den Gesandten Englands und Hollands entsprechende Schreiben. M. David Ancillon reiste nach Franken, in die Schweiz, nach Holland und England. Die Summen, die er kollektierte, waren beachtlich. Dabei halfen ihm Briefe des Grafen Dohna. Auch M. de Marconnay hat viel für unsere Kirche getan; er sammelte Kollekten in Braunschweig-Lüneburg, in Hamburg und Lübeck. Der Hamburger Magistrat gestattete ihm Sammlungen nicht nur in den französisch-reformierten und deutsch-reformierten Gemeinden, sondern auch bei den Lutheranern. Der Herzog von Celle dagegen wies ihn ab: In derlei Angelegenheiten gebe er keinem Nachbarn etwas und bitte auch selbst um keinerlei Unterstützung.

Im Jahre 1701 bewilligte der Hof vierhundert Taler, um Flinten für die französischen Bürger zu kaufen. Diese mußten das Geld nach und nach zurückzahlen – nicht an den Hof, sondern es wurde zum Bau der Friedrichstadtkirche verwendet.

Zeichnung der Friedrichstadtkirche aus dem 18. Jahrhundert

Im ganzen waren die Ergebnisse der Geldsammlungen leider nicht so gut, wie man gehofft hatte. Im April 1701 berichteten die Beauftragten für das Ausland, daß sie nur etwas über 2200 Ecus zusammengebracht hätten. Der König spendete aus den Steuereinnahmen der französischen Kolonie 823 Reichstaler, 19 Groschen und 6 Pfennig. Was man sonst noch aus Berlin erwartete, würde wohl fünf- oder sechshundert Ecus nicht übersteigen. Gebraucht wurden aber zehntausend Reichstaler nur für die Kirche – die Kosten für den Turm nicht eingerechnet.

Die Dinge lagen also nicht zum besten; trotzdem beschloß die Französische Kirche zu Berlin, mit dem Bau zu beginnen. Der

Grundstein wurde in Gegenwart Seiner Königlichen Hoheit, des Prinzen Friedrich Wilhelm, am 1. Juni 1701 gelegt. Noch viele andere erlauchte Persönlichkeiten wohnten dieser Zeremonie bei, unter anderem der Herzog von Dohna, mehrere Minister und Generäle. Auch die Repräsentanten der deutschen und französischen Gemeinden waren anwesend – und natürlich eine große Volksmenge!

Wir erwähnten bereits, daß der Architekt, M. de Quesnay, ein Réfugié war. Die berühmte Kirche von Charenton, in der die Reformierten von Paris ihre Gottesdienste gefeiert hatten, diente ihm als Vorbild. M. de Quesnay vollbrachte eine großartige Leistung, wollte aber keinerlei Anerkennung für seine Mühen. Ich besichtigte einmal die Kirche mit M. Gontard; er zeichnete für die königlichen Gebäude verantwortlich und sollte die beiden Türme der Friedrichstadt bauen. Auch er war von der Schönheit des Kirchenschiffes sehr angetan und äußerte sich lobend über den Architekten.

Im Jahre 1705 wurde der Kirchbau vollendet. Am 1. Februar war Königin Sophie Charlotte verstorben, so daß die feierliche Eröffnung der Kirche nicht sofort stattfinden konnte. Bald aber teilte der Prediger Lenfant dem Consistoire mit, daß der König ihn mit der Eröffnungspredigt beauftragt habe und willens sei, die Festversammlung mit seiner Anwesenheit zu beehren. Das Consistoire wandte sich an den Oberzeremonienmeister, um mit ihm die Ausschmückung festzulegen, die ja der allgemeinen Trauer Rechnung tragen sollte. Kanzel, Empore, der ganze Vordergrund wurden schwarz ausgekleidet. Zwei besondere Sessel stellte man auf für den Bischof Ursinus und für M. de Bartholdi von der Commission Ecclésiasitique, der kirchlichen Verwaltungsbehörde.

Die Akten des Consistoire berichten folgendes: Am 1. März des Jahres 1705 waren die Anciens morgens um sieben an der Kirche der Friedrichstadt versammelt. Nachdem sie sich beraten hatten, stellten sie sich an verschiedenen Kirchentüren auf und ließen bis

acht Uhr diejenigen Personen eintreten, die besondere Eintritts-
karten vorwiesen, und brachten sie an reservierte Plätze. Danach
durften alle anderen hereinkommen, die die normalen Plätze besetzen wollten. All dies geschah in guter Ordnung, ohne Hast und
Tumult.

Um zehn Uhr erschien Seine Majestät Friedrich I. Der Kron-
prinz, die beiden anderen Prinzen und ein großes Gefolge begleiteten ihn; die Minister trugen Staatsroben. Die Anciens und Diacres, ebenfalls in langen Gewändern, standen von der königlichen
Karosse bis zur Eingangstür; M. de Beausobre geleitete die königliche Familie in ihre Loge. M. Lenfant hatte den Bibelvers, über den
er predigte, selbst ausgesucht, denn der König in seiner Güte
wollte alles, was in und mit dieser Kirche geschah und zukünftig
geschehen werde, in die Verantwortlichkeit der Kirche und des
Consistoire geben.

Nach Beendigung des Gottesdienstes stellten sich die Anciens
und Diacres wieder in der gleichen Ordnung auf; M. de Beausobre
geleitete den König hinaus und dankte ihm im Namen aller französischen Untertanen für die hohe Ehre, die ihnen zuteil geworden
sei. Der König antwortete: Er wünschte uns, daß diese Kirche bis
an das Ende der Welt als ein Denkmal unserer Frömmigkeit erhalten bleiben möge. Er versicherte uns auch weiterhin seines königlichen Schutzes. Zwei Jahre später bestätigte er, daß die Friedrichstadtkirche der französischen Kolonie für immer gehören sollte.

17.
Konflikte zwischen der einheimischen Bevölkerung und den Réfugiés

Als das Potsdamer Edikt formuliert wurde, hatte es schon eine Reihe von größeren und kleineren Konflikten gegeben. Auf dem Lande soll es nicht selten vorgekommen sein, daß einheimische Bauern die Marktbuden der Réfugiés umstürzten. Vieles geriet in Vergessenheit und wurde nicht überliefert – das ist gut so.

Wer einen Beruf gelernt hatte, sollte ihn auch ausüben – dafür wollte die Regierung mit allen ihr zu Gebote stehenden Mitteln sorgen. Mehr als einmal mußte sie mit kräftigem Arm allerhand Hindernisse beseitigen, die im Wege standen. Mit Zollfreiheit, mit verschiedenen Privilegien für bestimmte Einrichtungen, mit all dem, was auf dem Papier stand, war es ja nicht getan, sondern das mußte Gestalt annehmen, mußte von den örtlichen Behörden in die Tat umgesetzt werden, mußte mit den Gewohnheiten, den geltenden Gesetzen und bereits bestehenden Einrichtungen und Verordnungen in Einklang gebracht werden – und hier gab es nicht wenige Schwierigkeiten. Neidvoll sah man auf die Fremden und verweigerte ihnen, worauf sie gesetzlichen Anspruch hatten: Entweder stellte man ihnen schwere, oft unerfüllbare Bedingungen oder lehnte es rundheraus ab, ihnen zu helfen. Die ersten Einwandererlisten belegen, daß die Réfugiés es nicht leicht hatten; sie wurden nicht nur beschimpft, sondern manchmal tat man ihnen sogar Gewalt an.

Die Regierung, die auf das Allgemeinwohl bedacht war, tat alles, damit diese fleißigen und fähigen Neuankömmlinge sich niederlassen konnten. Der einzelne Einheimische aber, der stärker an seinen eigenen Vorteil dachte, wurde unruhig und eifersüchtig. Um welches Handwerk es sich auch handelte, fast immer zeigten sich die Réfugiés überlegen. Ihre Arbeiten waren fein, und überdies zog der Reiz des Neuen viele Käufer an. Verständlich, daß die Fremden von den ansässigen Handwerkern nicht gern gesehen wurden; mußten diese sich doch von jetzt an große Mühe geben, um ihre Waren noch zu verkaufen. Die Regierung blieb fest und unterstützte weiterhin die Réfugiés. So gut sie konnte, sorgte sie dafür, daß die örtlichen Behörden sich nicht sperrten. Auf diese Weise begann ein höchst nützlicher Wettstreit und weckte schlummernde Talente und vergessenen Fleiß bei den Einheimischen. So kam es, daß sie nach etlicher Zeit so gut wie die Réfugiés arbeiteten und sich dann ihre Arbeiten mit denen der Réfugiés durchaus messen konnten.

Allerdings wehrten sich die Zünfte kräftig gegen diese Entwicklung. Ob es nicht für das Allgemeinwohl besser sei, die Zünfte abzuschaffen, wurde von einigen anerkannten Autoritäten gefragt. Uns kommt es nicht zu, diese Frage zu beantworten. In England und Holland, in Spanien und Portugal konnte jeder Bürger Handel treiben oder sonst einen Beruf ausüben, wie er wollte. Überall sonst gab es Zunftgesetze, an die man sich mehr oder weniger streng hielt. In Frankreich beispielsweise bestanden solche Gesetze seit mehreren Jahrhunderten, und Colbert hätte sie sicherlich gern abgeschafft.

In der Mark galten Zunftgesetze bereits im 13. Jahrhundert; die Anerkennung als Meister war mit bestimmten Privilegien verbunden. In vielen Fällen legten diese Privilegien auch die Zahl der Meister fest. Wer von den Neuankömmlingen hier zugelassen werden wollte, mußte Geduld haben und durfte weder Mühe noch Kosten scheuen. Alles dies machte es den Réfugiés schwer, sich niederzulassen, obwohl doch der Artikel VII des Potsdamer Ediktes anordnete: Die Réfugiés sollen sofort das Recht erhalten, ihr Handwerk auszuüben, und zwar unentgeltlich! Die Regierung befand sich in einer schwierigen Lage, denn die widerspenstigen Einheimischen konnten sich tatsächlich auf Gesetze berufen, die ihrer Meinung nach unaufhebbar waren. Seine ganze Autorität brauchte der Hof, um die Zünfte zum Einlenken zu bewegen.

Die Réfugiés, die als Meister zugelassen werden wollten, mußten nachweisen, daß sie in Frankreich eine Lehre hinter sich gebracht und dann als Meister gearbeitet hatten; dies zu verlangen, glaubten sich die Zünfte im Recht. Den Réfugiés aber bereiteten sie mit ihren Forderungen fast unüberwindliche Schwierigkeiten. Denn in Frankreich hatten ja die Reformierten schon lange nicht mehr unter normalen Umständen gelebt und gearbeitet, sondern waren nach und nach von allen Berufsständen ausgeschlossen worden. So kam es, daß sie ihren Beruf heimlich ausüben mußten und Gesetzen und Erlassen zuwider handelten, die ihnen die Bürgerrechte nahmen. Und wenn sie dann ihr Heimatland verließen, durften persönliche Papiere auf keinen Fall in die Hände der Grenzwächter geraten. Und solche Papiere dann noch nachträglich schicken zu lassen, war fast unmöglich. Wer sollte helfen? Die reformierten Glaubensgenossen hatten das Land ja selbst verlassen oder wurden unterdrückt, wenn sie geblieben waren. Wer sonst sollte gewillt sein, den Réfugiés in fernen Landen zu helfen?

Diese traurigen Umstände hätten die Einheimischen wohl freundlich und einsichtig stimmen sollen – aber eigene Interessen setzten sich durch. So mußte sich in den ersten Jahren des Refuge der Hof um fast jeden Fall gesondert kümmern, damit die eingewanderten Franzosen in die Zünfte aufgenommen wurden.

Eine hübsche Anekdote ist uns überliefert; und wir möchten sie in diesem Buch festhalten, weil sie deutlich zeigt, was viele Einheimische damals über die Neuankömmlinge und ihre Privilegien dachten. Auf dem Schloßgelände gab es einen Storch, den die Küchenjungen aufgezogen hatten. An seinem Schnabel befestigte man eine regelrechte Bittschrift mit folgendem Inhalt: Der Storch beklagte sich bitter darüber, daß die Franzosen nun sogar gegen ihn zum Angriff übergingen, wo er doch bisher einzig und allein dem friedlichen Froschfang an der Spree nachgegangen sei und keinem etwas zuleide getan habe!

Um diese Anekdote zu verstehen, muß man wissen, daß vor der Ankunft der Réfugiés die Frösche normalerweise nicht als Nahrungsmittel dienten. Noch lange Zeit benutzten deutsche Schüler Ausdrücke wie »Froschfresser« oder »Paddenschlucker«, wenn sie dem Französischen Gymnasium den Krieg erklären wollten.

Wir haben eine Schrift in der Hand, die Burggraf und Herzog von Dohna für König Friedrich I. anfertigte: Dringend nötig sei eine grundsätzliche Regelung, damit die Réfugiés sich ordnungsgemäß niederlassen und arbeiten könnten; die Schwierigkeiten, die durch die vielen Sonderregelungen hervorgerufen seien, wüchsen ins Unendliche. Lange beschäftigte sich der Hof mit dieser Angelegenheit; erst 1724 wurde sie zum Abschluß gebracht. Zunächst bestanden die deutschen und die französischen Zünfte noch nebeneinander und wurden dann nach und nach vereinigt, wobei allerdings die besonderen Rechte der französischen Stände erhalten blieben.

Will man die Schwierigkeiten, die es zwischen den Einheimischen und den französischen Einwanderern gab, richtig verstehen, so muß man auch den konfessionellen Unterschied berücksichtigen. Es ist ja bekannt, daß Kurfürst Johann Sigismund 1613 zum reformierten Glauben übertrat. Einige Familien folgten ihm, aber die übergroße Mehrheit seiner Untertanen blieb lutherisch. Bei diesem Unterschied zwischen Reformierten und Lutheranern handelt es sich doch eigentlich nur um einen theologischen Streit, der nicht zu Feindschaft oder Haß führen dürfte. Aber die die Vorrechte genossen, waren eben die Angehörigen einer anderen Nation und einer anderen Konfession. Also behandelte man sie als Häretiker. Man war eben noch nicht aufgeklärt genug, um tolerant zu sein! Wenn wir sogar heute, im Jahre 1787, erleben, wie gebildete Menschen mit guten Umgangsformen in nationale und religiöse Haßgefühle ausbrechen – um wie vieles schlimmer muß das vor hundert Jahren gewesen sein, als die Menschen plumper und bei weitem weniger gebildet waren! Sie mußten jede Unterstützung, jedes Vorrecht der Réfugiés als Ungerechtigkeit empfinden und als einen Versuch, die Reformierten über die Lutheraner zu stellen. Der Hof mußte also sehr weise vorgehen, um die Réfugiés zu schützen, besonders auf dem Lande, wo man weniger tolerant war. Der Hof mußte so handeln, daß der Haß der Einheimischen den Réfugiés möglichst wenig schadete und daß die Neuankömmlinge ihre Vorrechte durchsetzten gegenüber denen, die sie nicht beachteten. Dies geschah durch verschiedene Einrichtungen; seit 1708 beispielsweise hatte das Französische Kommissariat, seit 1718 dann das Französische Oberdirektorium über das Wohl der Landkolonien zu wachen.

Man kann es den Einheimischen nicht übelnehmen, wenn sie neidisch auf die Fremden blickten; freuten sich diese doch aller Vorteile, die sie selbst gern gehabt hätten. Wenn doch einmal etwas zuungunsten der Réfugiés oder ihrer Nachkommen geändert wurde, so verteidigten die Betroffenen ihre Rechte mit großem Eifer; denn vom Fortbestand der Rechte hing ja der Fortbestand der Kolonien ab. Wir haben aber keinen Grund zu klagen: Wenn unsere Kolonien und unsere Kirchen sich an die übergeordneten Behörden wandten, wurde meist zu ihren Gunsten entschieden.

Mit der Zeit verbesserte sich das Verhältnis zwischen Einheimischen und Franzosen. Man gewöhnte sich aneinander, freundschaftliche und verwandtschaftliche Bindungen entstanden. Und die Vorurteile, die man gegenüber den Réfugiés hatte, schwanden allmählich. Für jedermann war sichtbar, daß die Einwanderer nicht zum Schaden gekommen waren, sondern zum Nutzen derer, die sie aufgenommen hatten. So jedenfalls tönte es allenthalben im Lande, und so wurde auch das Rumoren einiger Egoisten und Dummköpfe übertönt. Kurfürst Friedrich Wilhelm und die preußi-

1983 wird die Friedrichstadtkirche wieder eröffnet

Die wiederaufgebaute Friedrichstadtkirche, innen

208

schen Könige gliederten die Réfugiés durch Gesetze ein; die Liebe zum Land, das ihnen Asyl und Zuflucht geworden war, verankerte sie noch fester. Mit der Zeit sahen die Einheimischen in ihnen nicht mehr Fremde, die im Unglück ihr Glück machen wollten, sondern Adoptivkinder desselben Vaterlandes, mit denen sie alles teilten.

Müssen wir noch im einzelnen beschreiben, was die Réfugiés von Anfang an auszeichnete: ihre einfache, anständige Lebensweise, ihre Frömmigkeit und Aufrichtigkeit, ihre wohltätigen Einrichtungen? Mußten nicht auch die härtesten Gemüter, die keine Zuneigung empfanden, ihnen wenigstens Gerechtigkeit widerfahren lassen? Mußten sie sie nicht als wertvollen Teil der Nation ansehen, zu der sie alle miteinander gehörten? Grund also genug, dem Herrscher Lob zu spenden, der sie aufgenommen hatte, und seinen Nachfolgern, die das von ihm Geschaffene bewahrten und festigten.

Daß Länder sich öffneten und Asyl boten, haben die Réfugiés den Regenten und den Völkern reichlich vergolten. Keines dieser Länder mußte jemals bereuen, daß es Réfugiés aufgenommen hatte; denn entweder kamen Herstellung und Handel erst durch sie in Gang oder wurden entscheidend weiterentwickelt. Sogar in Ländern, die keine französischen Kolonien hatten, spürte man deren Einfluß; es wurde bekannt, wie fähig, wie mutig und wie erfolgreich diese Menschen waren.

Aber auch das Gegenteil ist gelegentlich behauptet worden – aus welchen Motiven auch immer: Keineswegs hätten die Réfugiés zum Wohlstand der Völker beigetragen, denen sie sich anschlossen. Die Leute, die das behaupten, lesen nämlich in dem ausgezeichneten Werk des Gelehrten Fischer, daß die Deutschen schon vor langer Zeit regen Handel getrieben und blühende Manufakturen gehabt hätten. Allerdings darf man dabei nicht vergessen: Noch bevor die Réfugiés kamen, änderte sich dies. Der Handel ging zurück, der Wohlstand der Hansestädte gehörte längst der

Vergangenheit an; die verschiedenen Herrscher beraubten sich gegenseitig ihrer Macht und ihres Reichtums; und nach dem Dreißigjährigen Krieg fehlten überall Menschen, die die Felder bebaut hätten. Und in kaum einem Landstrich Deutschlands hatte dieser Krieg so verheerend gewütet wie in der Mark, so daß die Einwohner in ihrem Elend weder zur Herstellung irgendwelcher Produkte noch zum Handel fähig gewesen wären. Eine weise Regierung hätte auf die Dauer ganz sicher eine Erholung des Landes bewirken können, aber soviel steht fest: Die Réfugiés beschleunigten den Fortschritt des Landes um mehr als ein halbes Jahrhundert. Ist das nicht ein anerkennenswerter Dienst, den sie leisteten? Sie waren ja nicht durch Krieg und andere Widrigkeiten zurückgeworfen und mußten sich nicht erst mühsam erholen, sondern sie standen auf der Höhe ihrer Zeit. Mußte man nicht froh sein über diese Menschen?

Ihnen ist aber noch weiteres, schwerer wiegendes Unrecht widerfahren. Man hat gewagt, sie anzuklagen: Den guten Sitten hätten sie geschadet; auf sie seien Luxus und Eitelkeit zurückzuführen, die man unserem Jahrhundert so sehr vorwirft. Sie hätten ihre neuen Landsleute mit allerlei Künsten und Handwerken bekannt gemacht, die zu Vergnügen und Bequemlichkeit beitrügen und eine Vorliebe für Eleganz weckten. Sie hätten die Sitten aufgeweicht, das einfache Leben zerstört und viele Dinge mitgebracht, die nur der Eitelkeit dienten. Man behauptet sogar, der nationale Charakter erfahre eine verhängnisvolle Wandlung, indem er sich dem französischen anpasse; und man versäumt nicht, dies alles in ungünstigen Farben zu malen.

Diese Vorwürfe klingen wirklich unsinnig, besonders für solche, die noch die ersten Réfugiés gekannt haben; denn das waren durch und durch einfache Menschen, anspruchslos und arbeitsam. Sie gaben nichts auf Luxus und Tändelei; die meisten von ihnen übten Berufe aus, die ein Volk braucht, wenn es nicht vom weiterentwickelten Ausland abhängig werden will. Die Reformierten waren nicht da zu Hause gewesen, wo Luxus und Genußsucht herrschten, nämlich in Paris und Versailles; vielmehr kamen die meisten von ihnen aus weit entfernten Provinzen, wo die Sitten einfach, ja sogar streng waren. Paris, Frankreich - diese Namen klangen damals noch ganz anders, als sie vielleicht heute klingen mögen. Schlechte Beispiele zu fürchten, hatte niemand Anlaß. Ja, heute gibt es überall Unrat; ja, man klagt zu recht, daß Luxus, Verweichlichung, Geschmacklosigkeit und Vergnügungssucht zunehmen. Aber der Grund dafür ist doch wahrhaftig nicht im Einfluß der Réfugiés zu finden. Wenn sie ihren neuen Mitbürgern Zivilisation brachten, so geschah dies doch nicht zu deren Verderben; grobe Sitten sind doch nicht dasselbe wie gute Sitten. Als ob schlechte Nahrung, schlechte Kleidung, schlechte Wohnverhältnisse die besten Voraussetzungen wären für gute Charaktereigenschaften!

Es mag ja durchaus zutreffen, daß die typisch deutschen Eigenschaften heute weniger ausgeprägt sind als im vorigen Jahrhundert. Ist das denn aber das Allerschlimmste, was dem deutschen Volk zustoßen kann? Doch wohl kaum! Wenn die Franzosen Einfluß ausgeübt und ihre deutsche Umgebung verändert haben, so sind doch auch sie dem Einfluß derer ausgesetzt gewesen, bei denen sie sich ansiedelten. Alles in allem wird man sagen müssen: Jeder hat mehr gewonnen als verloren.

18.
Die Réfugiés und Kurfürst Friedrich Wilhelm, der »Große«

Das letzte Kapitel kann kurz sein, denn Kurfürst Friedrich Wilhelm, der »Große«, zieht sich ja wie ein roter Faden durch alle Kapitel.

Seit der Schlacht von Fehrbellin 1675 wurde Friedrich Wilhelm in Brandenburg-Preußen öfter »der Große Kurfürst« genannt. Es ist aber wahrscheinlich, daß auch die Réfugiés diesen Beinamen populär gemacht haben – und zwar schon zu Lebzeiten Friedrich Wilhelms. Die französische Bezeichnung für Kurfürst, noch dazu mit apostrophiertem Artikel, »l'Électeur«, mußte sich wohl in französischen Ohren nicht nur unschön, sondern auch ein wenig lächerlich angehört haben, denn es klingt dem Wort »le lecteur« zum Verwechseln ähnlich, und das bedeutet: Leser, Vorleser und auch kleines Dorfschulmeisterlein. Sie hingegen kamen aus dem Lande eines wirklich großen Herrschers, des Sonnenkönigs! Da hörte sich »Le Grand Électeur« schon sehr viel besser und eleganter an!

Aber daß die Réfugiés vom »Großen Kurfürsten« redeten, hat natürlich nicht nur sprachliche, sondern vor allem auch inhaltliche Gründe – dies ist im Buch deutlich geworden.

Es schien mir nötig, das besondere Verhältnis der Réfugiés und ihrer Nachkommen zum Kurfürsten Friedrich Wilhelm am Schluß des Buches noch einmal anklingen zu lassen; denn es hat Nachwirkungen gehabt. Bismarck soll gesagt haben, daß die Hugenotten die besten Deutschen seien. Dieser Ausspruch aus der Zeit des selbstbewußt werdenden Nationalstaates weist auf die

212

besonderen Schwierigkeiten der Réfugiés und ihrer Nachkommen hin: Einerseits sind sie stolz auf ihre Herkunft, auf die Geschichte, die Leistungen Frankreichs; andererseits fühlen sie sich der preußischen Monarchie verpflichtet und wollen sich als gute, als beste Patrioten zeigen. Folgende Anekdoten, die von Erman überliefert sind, bestätigen den Satz Bismarcks, lassen aber auch den Zwiespalt ahnen:

Als Napoleon in Berlin war, hatte einst der Oberkonsistorialrat Erman eine Audienz bei demselben. Der französische Kaiser sprach bei dieser Gelegenheit verschiedene Anklagen gegen die Königin Luise aus; aber auf alles, was derselbe gegen die hohe Frau sagte, hatte der beherzte greise Geistliche nur die eine Antwort: »Das ist nicht wahr, Sire!« so berichtet Muret; und nach einem Bericht, auf den sich Manoury bezieht, soll Erman bei einer anderen Gelegenheit folgendes zu Napoleon gesagt haben: »Majestät! Ich wäre nicht würdig des Kleides, das ich trage, des Wortes, das ich verkündige, des Königs, dem ich diene, wenn ich nicht mit allertiefstem Schmerz Eure Majestät an dieser Stelle (das heißt: an der Stelle des preußischen Königs) sähe!«

Zwar ist der Name Friedrich Wilhelms nicht mit soviel äußerem Glanz umgeben wie der Ludwigs des XIV.; dennoch verdient der Kurfürst mehr als jener den Beinamen »der Große«.

Er konnte nur die Anfänge des Wohlstandes in den französischen Kolonien sehen, denn er starb bereits am 29. April 1688, nicht einmal drei Jahre nach der Unterzeichnung des Potsdamer Ediktes. Anders als bei Ludwig XIV. gab es an seinem Grabe keine bezahlten Lobredner, die sich in Schmeicheleien und hohlen Redensarten ergangen hätten. Nein, dieser Herrscher wurde von allen seinen Untertanen aufrichtig betrauert, besonders von den Réfugiés. Sie verloren in ihm nicht so sehr einen Fürsten, sondern einen Vater.

Bald wird ein Jahrhundert seit dem Tode des Kurfürsten vergangen sein, des Gründers der französischen Kolonien. Und wenn auch das ganze Land ihn irgendwann vergäße – die Nachkommen der Réfugiés werden ihm immer ein lebendiges und dankbares Andenken bewahren. Vergleichen wir doch: Was waren die Réfugiés, als sie ankamen? Und was sind sie heute? Ihr Fleiß, ihr Eifer, ihre Zuverlässigkeit, ihre Treue zum neuen Vaterland – alles wäre wenig wert, hätten sie nicht einen klugen und wohlwollenden Herrscher gefunden, der sich ihrer annahm. Gibt es unter uns jemanden, der lieber Franzose als Preuße wäre? Gibt es unter uns jemanden, der in der Heimat seiner Vorfahren glücklicher wäre als in seiner preußischen Heimat?

19.
Schlußbemerkung

Das 18. Jahrhundert war sicherlich die wichtigste Zeit in der Geschichte der Réfugiés in Preußen. Als dann Friedrich Wilhelm III. den Verwaltungen eine neue Ordnung gab, bezog er auch die französischen Kolonien mit ein. Er selbst habe von seinen »Rechten viele dem Gemeinwohl mit Freuden geopfert... Kein wahrer Bürger des Staates wird ferner auf Rechten bestehen, die dem Ganzen schaden oder nicht in dasselbe passen; er wird sie gegen die Teilnahme am Ganzen gern zum Opfer bringen«, läßt der König dem Berliner Consistoire im Februar 1809 mitteilen. Viele besondere Einrichtungen werden aufgelöst, so daß in den Jahren 1809 bis 1812 die französischen Kolonien – im rechtlichen Sinne – aufhörten zu existieren.

Als Institution blieben die Kirchgemeinden erhalten, besonders die Französische Kirche zu Berlin durfte über bestimmte Vermögen und Stiftungen weiterhin verfügen, durfte ihre sozialen Einrichtungen weiterhin betreiben, ja in den nächsten Jahren und Jahrzehnten gründete sie sogar neue.

Deutsche Gottesdienste ersetzten allmählich die französischen; manche französischen Namen wurden in deutsche umgewandelt (Lejeune in Jung, Sauvage in Wild usw.), was allerdings innerhalb der französischen Kolonien als falsch verstandener Patriotismus gerügt wurde. Viele der ursprünglich französischen Gründungen bestanden um die Mitte des 19. Jahrhunderts nicht mehr oder hatten sich mit deutsch-reformierten Gemeinden vereinigt.

Auch in die kirchlichen Unionsbestrebungen Friedrich Wilhelms III. wurden die französischen Gemeinden einbezogen, so daß sie ihre Gottesdienste den in Preußen üblichen anpassen mußten. Seit 1932 gelten größtenteils wieder die alten französischen Ordnungen. Als Kirchengemeinden französischen Ursprungs existieren heute in der DDR u. a. noch Potsdam, Schwedt, Groß-Ziethen, Bergholz – und Berlin mit der wiederaufgebauten Friedrichstadtkirche am Platz der Akademie; die Französische Kirche Berlin-West hat ihr Zentrum in Wilmersdorf, Halensee. Einerseits sind sie alle Teil der evangelischen Landeskirche, haben aber andererseits besondere Rechte und eine gewisse Eigenständigkeit.

Ich denke, daß diese Gemeinden heute keine Existenzberechtigung hätten, wenn sie nur Relikte einer längst vergangenen Zeit wären, die ihre eigene Vergangenheit bewunderten. Vieles aus dem reformierten Erbe gilt es festzuhalten und neu zu leben: die Mahnung, sich auf die Bibel zu besinnen und auf Allotria zu verzichten – auch im Gottesdienst; die Ablehnung von Hierarchie und die Verantwortung des einzelnen, gerade des sogenannten Laien; das Interesse an der Gestaltung der Welt – ja, mehr noch: die Verpflichtung, sich zu engagieren und diese Welt nach bester Einsicht und mit allen Kräften zum Guten zu verändern.

Ich möchte aus der Vergangenheit der französischen Gemeinden, der ehemaligen Kolonien, lernen, gerade auch aus dem Teil der Vergangenheit, der kein Ruhmesblatt war, sondern seine Schuld gehabt hat, aus den Jahren 1933–45. Ich möchte lernen aus der Vergangenheit der Protestanten in Frankreich, die ein Filmtitel beschreibt mit dem Satz: »Sie blieben im Lande und wehrten sich täglich«. In den Fußboden ihres Gefängnisses in Aigues mortes (Südfrankreich) ritzte die Protestantin Marie Durand das Wort RÉSISTER – Widerstand leisten. Das ist lange her, weit mehr als zweihundert Jahre; trotzdem: von diesem Geist ist etwas lebendig geblieben bis in unser Jahrhundert; und so möchte ich lernen vor allem auch von den französischen Protestanten dieses Jahrhunderts. Es ist kein Zufall, daß in der Résistance unverhältnismäßig viele Protestanten mitgearbeitet haben. Und schließlich möchte ich lernen, wie die französischen Protestanten heute leben als kleine, nicht eben reiche Minderheit und wie sie mit den schwierigen Fragen unserer Zeit umgehen.

Worterklärungen

ancien: Kirchenältester

ancien diacre: Kirchenältester mit besonderen diakonischen Aufgaben

aumônier: Militärgeistlicher, Feldprediger

consistoire: Consistorium, leitendes Gremium einer französischen Gemeinde, bestehend aus dem Prediger (den Predigern) und den Kirchenältesten

doyen: der Älteste unter den Predigern, und zwar an Lebensjahren, nicht an Dienstjahren; er wurde normalerweise mit besonderem Respekt behandelt

écu: französische Währung der damaligen Zeit; man könnte es mit »Taler« übersetzen; wenn Erman/Reclam »écu« verwenden, wurde diese Bezeichnung beibehalten, weil die Umrechnung schwierig ist und weil zur Einwanderungszeit auch französische Währung in Brandenburg-Preußen kursierte; 1 écu d'or (Gold-Ecu) = 5 livres und 10 sous; 1 écu d'argent (Silber-Ecu) = 3 livres und 8 sous

Häretiker: Ketzer; im Frankreich Ludwigs des XIV. und danach wurden auch die Protestanten mit diesem Schimpfwort bezeichnet, da sie sich nicht zum Katholizismus, der allein zugelassenen Konfession, bekannten

Hugenotten: geht wahrscheinlich auf den Ausdruck »Eidgenosse« (Iguenot) zurück und bezeichnet die französischen Protestanten zunächst als Fremdbezeichnung, nach 1685 in zunehmendem Maße auch Selbstbezeichnung; bei Erman/Reclam allerdings kommt dieser Ausdruck kaum vor

Kolonien: Niederlassungen der französischen Einwanderer

livre: französische Leitwährung der damaligen Zeit, am ehesten mit »Pfund« zu übersetzen; 1 livre = 20 sous (siehe oben: écu)

Meile: die preußische Meile hatte 7,532 Kilometer; diese ist wahrscheinlich von Erman/Reclam gemeint

reformiert: der Zweig des Protestantismus, der vor allem auf Calvin, Zwingli und die süddeutschen Reformatoren zurückgeht

Refuge: Zuflucht; Einwanderung der französischen Protestanten in ein Land, das ihnen Zuflucht bot

Réfugiés: Bezeichnung der aus Frankreich geflohenen Protestanten

sol oder sous: französische Währung der damaligen Zeit; am ehesten mit
»Pfennig« zu übersetzen (siehe oben: écu)

Synode: kirchliches Entscheidungsgremium eines größeren Gebietes (Provinz, Land), bestehend aus Predigern und Laien; der französische Protestantismus kennt Synoden seit den Anfängen seines Bestehens; in Preußen wurde den Réfugiés und ihren Nachkommen nicht erlaubt, Synoden zu bilden

Tempel: Bezeichnung für die Kirchgebäude der französischen Protestanten in Frankreich

Bildnachweis

Vorderer Vorsatz: Staatsbibliothek Preußischer Kulturbesitz, Berlin. Seiten 14, 35, 36, 37 o, 38, 41, 43, 65, 128, 152, 159, 179, 196: Archiv für Kunst und Geschichte, Berlin. Alle übrigen Bilder: Archiv der Französischen Kirche (Hugenottenkirche), Berlin.

Literaturhinweise

Außer den neun Bänden von Erman/Reclam, die als Vorlage dieses Buches dienen, wurden noch folgende Werke benutzt:

Benoit, Elias, Histoire de l'Edit de Nantes, 1693 ff.

Bekmann, J. C., Historische Beschreibung der Churmarck Brandenburg, 1751

Wilhelmine von Bayreuth, Eine preußische Königstochter, 1981 neu erschienen

Muret, Eduard, Geschichte der Französischen Kolonie in Brandenburg-Preußen, 1885

Manoury, Karl, Die Geschichte der Französischen Kirche zu Berlin, Hugenottenkirche, 1672–1955, 1955

Jersch-Wenzel, Steffi, Juden und Franzosen in der Wirtschaft des Raumes Berlin-Brandenburg, 1978

Mittenzwei, Ingrid, Friedrich II. von Preußen, 1979

Zeittafel

1512 Erklärung der Paulusbriefe durch Jaques Lefèvres aus Étaples (Faber Stapulensis); dieser Kommentar zum Neuen Testament kann als Beginn der Reformation in Frankreich angesehen werden

ab 1520 Verbreitung der Ideen und Schriften Luthers in Frankreich

ab 1536 Verbreitung der Ideen und Schriften Johannes Calvins in Frankreich; zunehmender Einfluß Calvins in Frankreich (»Institutio Religionis Christianae«, Unterricht in der christlichen Religion)

1559 1. Nationalsynode der Reformierten in Paris, Verabschiedung der »Confession de foi« (Glaubensbekenntnis) und der »Discipline des Églises Réformées de France« (Kirchenordnung, die später ergänzt wurde)

Die Protestanten werden in zunehmendem Maße verfolgt

1562 Blutbad von Vassy; katholische Soldaten, unter Führung des Herzoges Franz von Guise, überfallen Protestanten beim Gottesdienst in einer Scheune; Beginn der acht Hugenottenkriege (bis 1598)

1572 Bartholomäusnacht; zur Hochzeit Heinrichs von Navarra mit Margarete von Valois werden wichtige protestantische Persönlichkeiten nach Paris eingeladen und ermordet (u. a. Admiral Coligny); in Paris kommen etwa 3000 Protestanten um, auf dem Lande etwa 10000 (andere Schätzungen gehen bis 30000)

1598 König Heinrich IV. unterzeichnet das Edikt von Nantes, um die kriegerischen Auseinandersetzungen zwischen Katholiken und Protestanten zu beenden; Heinrich IV. war zunächst (seit 1589 als Heinrich III.) König von Navarra, trat 1593 zum Katholizismus über (»Paris ist eine Messe wert«) und wurde König von Frankreich

1610 Ermordung Heinrichs IV.; danach verloren die Protestanten allmählich ihre politische und militärische Macht

1627 La Rochelle wird auf Anordnung Richelieus erobert; damit verlieren die Protestanten ihre letzte Zufluchtsstätte

ab 1650	neue Einschränkungen der Rechte der Protestanten, z. B. berufliche Einschränkungen, Zerstörung einiger Kirchgebäude, Einquartierung katholischer Soldaten in protestantische Häuser (Dragonaden); mehr und mehr Protestanten wandern aus, hauptsächlich nach England und Holland, in geringer Zahl nach Brandenburg-Preußen
1672	französische Protestanten halten in Berlin ihren ersten Gottesdienst; zur Gemeinde gehören etwa 150 Personen, dazu eine Anzahl französischer Militärs in kurfürstlichen Diensten
1685	(18. Oktober) König Ludwig XIV. unterzeichnet das Edikt von Fontainebleau und hebt damit offiziell das Edikt von Nantes auf. Die Protestanten müssen der katholischen Kirche beitreten, ihre Prediger das Land verlassen. Eine große Auswandererwelle setzt ein, zunächst, wie bisher, nach Holland und England, dann zunehmend nach Brandenburg-Preußen
1685	(8. November; nach dem julianischen, damals in den protestantischen Ländern noch üblichen Kalender: am 29. Oktober) Kurfürst Friedrich Wilhelm unterzeichnet das Edikt von Potsdam; damit lädt er französische Protestanten in sein Land ein und bietet großzügige Hilfe an
1640–1688	Kurfürst Friedrich Wilhelm regiert in Brandenburg-Preußen; seine erste Gemahlin: Luise Henriette von Oranien (bis 1667); seine zweite Gemahlin: Dorothea
1648	Ende des Dreißigjährigen Krieges; zwar gewinnt Brandenburg Territorien hinzu (Minden, Halberstadt, Anwartschaft auf Magdeburg u. a.), aber das Land hat stark gelitten durch hohe Verluste an Menschenleben und Zerstörungen. Die Außenpolitik Friedrich Wilhelms ist durch häufigen Wechsel der Bündnispartner bestimmt; er verbündet sich jeweils mit der europäischen Macht, mit der er – seiner Meinung nach – den Interessen seines Landes am besten dienen konnte. So war er mit dem Kaiser in Wien gegen Frankreich verbündet, aber auch mit Frankreich gegen andere europäische Mächte. Mit

dieser Politik gelang es ihm, die Krönung seines Sohnes zum König vorzubereiten

1688–1713	Friedrich regiert bis 1701 als Kurfürst Friedrich III.; 1701 krönte er sich in Königsberg zum »König in Preußen«; seine Gemahlin: Sophie Charlotte (1648–1705) Friedrich verzichtete weitgehend auf eine unabhängige Außenpolitik und stellt dem Kaiser mehrfach seine Truppen in dessen Kriegen zur Verfügung, beispielsweise gegen die Türken, gegen Frankreich. Er fördert die Wissenschaft (Sozietät bzw. Akademie der Wissenschaften, Gründung der Universität Halle u. a.) und die Künste (Akademie der bildenden Künste u. a.) und unterstützt eine rege Bautätigkeit, vor allem in Berlin. Diese Politik, verbunden mit seinem aufwendigen Lebensstil, führt zu einer schwierigen Finanzlage
1713–1740	Friedrich Wilhelm I. (der »Soldatenkönig«) regiert. Er ordnet die Staatsfinanzen neu. Die Projekte seines Vaters schränkt er erheblich ein und konzentriert sich auf den Ausbau des Militärs. Seinem Sohn hinterläßt er einen Staatsschatz von 8,7 Millionen Talern
1740–1786	Friedrich II. (der »Große«) regiert. Er umgibt sich – im Gegensatz zu seinem Vater – mit französischen Gesprächspartnern, also auch mit Nachkommen der Réfugiés. 1740 nutzt er die österreichische Schwäche und okkupiert Schlesien. Jahrzehnte seiner Regierungszeit waren davon geprägt, diesen Erfolg zu sichern, was ihm unter großen Aufwendungen gelang. Viele seiner Reformen ließ er von Franzosen oder Nachkommen der Réfugiés durchführen

Die Autorin

Während des Zweiten Weltkrieges wurde ich in Torgau/Elbe geboren. Meine Kindheit und Jugend ist von häufigem Ortswechsel – und das heißt auch: Heimatlosigkeit – geprägt. Die letzten Schuljahre in Düren/Rheinland haben mir die französische Sprache, französische Kultur und Geschichte nahegebracht.

Nach einigem Zögern entschloß ich mich, Theologie und Anglistik zu studieren. Romanistik (Französisch), was mir lieber gewesen wäre, traute ich mir nicht zu; denn das hätte bedeutet: zu den beiden für das Theologie-Studium noch erforderlichen Sprachen eine dritte (Spanisch oder Italienisch) im Eilverfahren zu lernen; also kam Englisch in Frage; denn neben Latein, Griechisch und Hebräisch sollte es unbedingt eine lebende Sprache sein!

Studiert habe ich in Bonn, Göttingen und Berlin-West. Hier, am Ort der letzten Studienetappe, blieb ich, habe geheiratet, und zwar einen richtigen Berliner! Mein Mann ist ebenfalls Pfarrer, wir haben zwei Töchter.

Die praktische theologische Ausbildung in der Gemeinde, der Schule und in der Evangelischen Akademie stellte die Weichen für eine Berufstätigkeit in der Kirche, nicht in der Schule.

Seit 1970 arbeite ich als Pastorin in der Französischen Kirche. Neben dem »normalen« Dienst spielt hier die besondere Tradition eine wichtige Rolle. So wird jedes Jahr zum 29. Oktober das Refugefest begangen. Doch mein Pfarrerkollege und ich verstehen unsere Arbeit nicht nur als Traditionspflege. Wir versuchen, aus der Geschichte dieser Kirche, auch aus ihren Fragwürdigkeiten, zu lernen, und wir versuchen, von den Protestanten in Frankreich zu lernen und mit ihnen Verbindung zu halten.

Horsta Krum

König Heinrich IV. bestätigt das Edikt von Nantes vor dem Pariser Gerichtsparlament